Friedhelm Türk

Der Deutsche Schäferhund

Aufzucht – Haltung –
Pflege – Ausbildung

Kosmos
Gesellschaft der Naturfreunde
Franckh'sche Verlagshandlung
Stuttgart

Mit 19 Farbfotos von roebild/Fischer (2), Eva-Maria Vogeler (17)
und 8 Zeichnungen von Eva Hohrath

Umschlag von Edgar Dambacher unter Verwendung eines Farbfotos
von Eva-Maria Vogeler

Fachtierärztliche Durchsicht: Dr. Schneider, München

CIP-Kurztitelaufnahme der Deutschen Bibliothek

Türk, Friedhelm:

Der Deutsche Schäferhund: Aufzucht, Haltung,
Pflege, Ausbildung / Friedhelm Tuerk. – 3. Aufl.–
Stuttgart: Franckh, 1980.
(Kosmos Hundebibliothek)
ISBN 3-440-04924-8

Abb. 1 (Frontispiz). Der Deutsche Schäferhund – ein Bild urwüchsiger Kraft und natürlichen Adels.

3. Auflage/15. – 22. Tausend
Franckh'sche Verlagshandlung, W. Keller & Co., Stuttgart/1980

Printed in Italy/Imprimé en Italie/L 9mü H gm/ISBN 3-440-04924-8
Satz: Konrad Triltsch, Graphischer Betrieb, Würzburg
Reproduktion, Druck und Buchbinder: Editoria S. N. C. di G. A. Benvenuto & C., Trento/Italien

Der Deutsche Schäferhund

Entstehung der Rasse

Am 22.4.1899 wurde der „Verein für Deutsche Schäferhunde" gegründet. Max von Stephanitz war der 1. Vorsitzende des neuen Vereins. Der Rüde „Hektor Linksrhein" (genannt „Horand von Grafrath") wurde Stammvater Nr. 1. Er war auch für die damaligen Zeiten ein sehr edles Tier, mit 60 bis 61 cm Rückenhöhe, kräftigen Knochen, schöner Linie, edler Kopfform und trockenem, sehnigem Gebäude. Dementsprechend war auch sein Wesen: wundervoll in der anschmiegsamen Treue zum Herrn, allen anderen gegenüber eine rücksichtslose Herrschernatur, unbändig vor überschäumendem Lebenswillen.
In der ersten Mitgliederversammlung am 20. 9. 1899 wurden nach Vorschlägen von A. Meyer und v. Stephanitz die Rassekennzeichen spezifiziert, mit diversen Ergänzungen in den nachfolgenden Jahren. Aus den bodenständigen thüringischen und württembergischen Schlägen entstand so eine einheitliche Rasse. Das Zuchtziel ist auch heute noch ein Gebrauchshund.

Rassemerkmale

Allgemeine Erscheinung

Der Deutsche Schäferhund ist etwas über mittelgroß. Die Rückenhöhe beträgt im Durchschnitt etwa 60 cm. Mit dem Standmaß wird die Höhe des Skeletts vom Boden bis zum Widerrist bei angedrücktem Haar gemessen, und zwar an einer den Ellbogen des Hundes

Abb. 2. Friedlich vereint in der Dreier-Gruppe.

berührenden Senkrechten. Der Schäferhund als Gebrauchshund sollte eine Widerristhöhe zwischen 60 bis 65 cm bei Rüden, zwischen 55 bis 60 cm bei Hündinnen haben. Überschreitungen nach oben oder ein Zurückbleiben unter dem Mindestmaß verringern den Gebrauchs- und Zuchtwert.
Der dem Rassebild entsprechende Deutsche Schäferhund vermittelt dem Beschauer ein Bild urwüchsiger Kraft, Intelligenz und Wendigkeit; er hat in wohlproportionierter Abgewogenheit nirgends zuviel und nirgends zuwenig. Die Art, wie er sich bewegt und benimmt, muß unschwer erkennen lassen, daß in einem gesunden Körper ein gesunder Geist wohnt und somit die körperlichen und geistigen Voraussetzungen geschaffen sind, die es ihm ermöglichen, als Gebrauchshund bei größter Ausdauer jederzeit einsatzbereit zu sein. Trotz überschäumendem Temperament muß er führig sein, sich jeder Situation anpassen und die ihm zugedachten Arbeiten willig und mit Freude ausführen. Er muß Mut und Härte zeigen, wenn es gilt, sich, seinen Führer oder dessen Hab und Gut zu verteidigen; er muß freudig angreifen, wenn der Hundeführer dies wünscht. Ansonsten aber muß er ein zwar aufmerksamer, aber angenehmer Hausgenosse sein, fromm zu seiner vertrauten Umgebung, vor allem zu Kindern und zu anderen Tieren, und unbefangen im Verkehr mit anderen Menschen.
Alles in allem soll er ein harmonisches Bild natürlichen Adels und Achtung einflößender Selbstsicherheit bieten.

Farbe

Schwarz, eisengrau, aschgrau; entweder einfarbig oder mit regelmäßigen braunen, gelben bis weißgrauen Abzeichen, auch mit schwarzem Sattel; dunkelgewalkt (schwarzer Anflug auf grauem oder lichtbraunem Grund mit den entsprechend helleren Abzeichen), die sogenannte Wolfsfärbung, die Urfärbung des Wildhundes. Kleine, weiße Brustabzeichen sind erlaubt. Das Grundhaar (die Unterwolle) ist, außer bei schwarzen Hunden, immer leicht gefärbt. Die endgültige Färbung der Welpen ist erst nach Durchbruch des Deckhaares bestimmbar.

Behaarung

a) *Der stockhaarige Deutsche Schäferhund:* Deckhaar möglichst dicht, das einzelne Haar gerade, harsch und fest anliegend. Kopf einschließlich des Ohrinnern, Vorderseite der Läufe, Pfoten und Ze-

Abb. 3. Ein Musterexemplar für den Standard.

hen kurz, Hals länger und stärker behaart. An der Rückseite der Vorder- und Hinterläufe verlängert sich das Haar bis zur Vorderfußwurzel oder bis zum Sprunggelenk, an den Keulen bildet es mäßige Hosen. Die Länge des Haares ist verschieden, deshalb gibt es auch viele Zwischenformen. Zu kurze, maulwurfsartige Behaarung ist fehlerhaft.

b) *Der langstockhaarige Deutsche Schäferhund:* Das einzelne Haar ist länger, nicht immer gerade und vor allem nicht straff am Körper anliegend. Besonders im Ohrinnern, hinter den Ohren, auf der Rückseite des Unterarmes und meist auch in der Lendengegend sind die Haare erheblich länger; sie bilden mitunter Ohrenbüschel bzw. Fahnen vom Ellbogen bis zum Mittelfuß. Die Hosen an den Keulen sind lang und dicht. Die Rute ist buschig, mit leichter Fahnenbildung nach unten. Langstockhaar ist, da nicht so wetterfest wie normales Stockhaar, nicht erwünscht, bei genügender Unterwolle jedoch noch zur Zucht zugelassen.
c) *Der langhaarige Deutsche Schäferhund:* Das Haar ist erheblich länger als beim langstockhaarigen Hund und scheitelt sich zumeist auf dem Rücken. Unterwolle ist nur in der Lendengegend oder überhaupt nicht vorhanden. Hier finden sich häufig Engbrüstigkeit und schmale, überstreckte Fangbildung. Da die Wetterfestigkeit und die Gebrauchstüchtigkeit beim langhaarigen Schäferhund erheblich gemindert sind, darf er nicht mehr zur Zucht verwendet werden.

Fehler

Fehlerhaft sind alle, den Gebrauch, die Ausdauer und die Leistungsfähigkeit beeinflussenden Mängel, im besonderen ein dem Geschlecht nicht entsprechendes Gepräge und schäferhundwidriges Wesen, wie Teilnahmslosigkeit, Nervenschwäche oder Überreizung, Scheuheit; Einhodigkeit (Monorchismus) oder das Fehlen beider Hoden (Kryptorchismus), die von Ankörung und Ausstellungsbewertung ausschließen; mangelnde Lebenskraft und Arbeitsfreudigkeit; weiche oder schwammige Konstitution und Gehaltsmangel; stärkere Farbenverblassung. Albinotische Hunde (d. h. Kakerlaken mit völligem Pigmentmangel, wie rote Nasenkuppe usw.) dürfen ebensowenig angekört oder auf Ausstellungen bewertet werden wie Weißlinge (d. h. nahezu bis rein weiße Hunde mit schwarzer Nasenkuppe). Ferner Maßüber- und -unterschreitungen, Kümmerformen, hochläufige und zu kurze Gesamterscheinung, zu leichter oder zu plumper Bau, weicher Rücken, steile Stellung der Gliedmaßen sowie alle die Geräumigkeit und Ausdauer des Gangwerkes beeinträchtigenden Mängel; weiter zu kurzer, stumpfer, zu schwacher, spitziger oder überstreckter, kraftloser Fang; Vor- oder Überbeißen und andere Gebißmängel, namentlich schlechter Zustand der Zähne; schließlich zu weiche, zu kurze oder zu lange Behaarung und fehlendes Grundhaar (Unterwolle); hängende und dauernd schlecht getragene Ohren; gerollte, geringelte, wie überhaupt schlecht getragene Rute; gestutzte Ohren und Rute, angewölfte Stummelrute.

Anschaffung

Die Anschaffung des Schäferhundes ist eine wohl zu überlegende Handlung, da ein Hund keine Ware ist, die man umtauscht. Ein Hund sollte ein Freund über viele Jahre sein und kein Ausgleich für einen Minderwertigkeitskomplex.
Die Anschaffung muß von der ganzen Familie befürwortet werden, da auch die unangenehmen Seiten alle angehen. Dazu gehören: Hundehaare – Schmutz – Lärm (Bellen kann den Frieden mit den Nachbarn gefährden) – zerkratzte Türen etc. – Hundegeruch, besonders bei nassem Fell – tägliche Spaziergänge bei Wind und Wetter – Tierarztkosten – Hundesteuer und Versicherung – Schwierigkeiten bei der Urlaubsplanung.
Wenn Sie also bereit sind, diese Nachteile in Kauf zu nehmen, dann sollten Sie auf Züchtersuche gehen.
Die besten Erfahrungen habe ich mit Züchtern gemacht, bei denen nicht das Geschäft, sondern das Hobby wichtig ist, wo die Wurfkiste in Menschennähe steht und die Welpen den Eintretenden unvoreingenommen begutachten.
Nur Welpen, die bereits im „Kindesalter“ regelmäßigen und ungestörten Kontakt zum Menschen hatten, entwickeln sich zu einem angenehmen und ausgeglichenen „Familienhund“. Ein Welpe, der nur im Zwinger gehalten wird, ist scheu und oft überängstlich.

Abb. 4. Aufmerksam verfolgen diese beiden Schäferhunde das Geschehen.

Rüde oder Hündin

Im Gebrauchshundesport dominiert der Rüde, da er robuster ist und im Normalfall weniger Zartgefühl vom Ausbilder verlangt. Wenn Sie allerdings noch nie Besitzer eines Gebrauchshundes waren, rate ich Ihnen zu einer Hündin, weil sie gerade im täglichen Leben umgänglicher und anhänglicher ist. Dies macht sich schon beim Spaziergang bemerkbar: Mit einer Hündin können Sie stundenlang gehen, ohne daß sie alle paar Schritte uriniert; kein Rüde aber kann an gesetzten Duftmarken vorübergehen, ohne sein Bein zu heben, auch wenn der Vorrat schon lange erschöpft ist. Die zweimal jährlich eintretende Läufigkeit der Hündin ist heutzutage kein Problem. In der Wohnung ziehen Sie ihr ein Hundehöschen mit einer Papiertaschentuch-Einlage an. Das hat den Vorteil, daß die Wohnung sauber bleibt und man am Ausfluß genau den Grad der Läufigkeit erkennen kann. Letzteres ist wichtig, wenn Sie züchten wollen und keinen „Probierrüden“ zur Verfügung haben. Wenn Sie allerdings keine Züchterambitionen haben, kann der Tierarzt mit Hormonspritzen die Läufigkeit verhindern. Bei einem Rüden kann die Rauflust gegenüber anderen Hunden ein Problem werden. Im „Rüpelalter“, um den 7. Lebensmonat herum, versucht der Rüde wesentlich intensiver als eine Hündin, sich zum Meuteführer zu erheben. Dieses Kräftemessen kann für einen unerfahrenen Hundehalter leicht negativ ausgehen. Die Rangordnung, die bereits von der 12. – 16. Lebenswoche des Hundes vorbereitet wird, muß jetzt feststehen!

Der Kauf

Der Verein für Deutsche Schäferhunde e.V., Sitz Augsburg, und der Dachverband, der Verband für das deutsche Hundewesen e.V. (VDH), mit Sitz in Dortmund, geben auf Anfrage Züchteradressen (s. a. Anhang).

Die dem Verein angeschlossenen Züchter sind gehalten, nur *die* Elterntiere zu paaren, die den Rasse-Zuchtbestimmungen entsprechen. Die Einhaltung der Richtlinien wird durch die zuständigen Körmeister und Zuchtwarte überprüft.

Bei der Züchterwahl ist es vorteilhaft, einen in der Nähe wohnenden Züchter aufzusuchen, denn er kann auch nach dem Kauf manchen guten Ratschlag geben und notfalls weiterhelfen. Dies ist gerade für Anfänger sehr wichtig.

Ein verantwortungsvoller Züchter wird sich sehr genau erkundigen, welche Lebensbedingungen den Welpen erwarten, bevor er Ihnen einen aus der munteren Schar verspricht. Meistens müssen Sie sowieso noch einige Zeit warten, ehe Sie „Ihren“ Welpen mitnehmen können. So werden die Welpen zwischen der 7. und 9. Woche gegen Staupe, Hepatitis und Leptospirose geimpft. Der Impfung geht eine Wurmkur voraus, da nur bei wurmfreien Welpen der volle Schutz gewährleistet ist. Diese Impfung wird in einem Impfpaß eingetragen, den jeder Welpe erhält. Des weiteren ist es erforderlich, daß der Wurf vom zuständigen Zuchtwart abgenommen wurde und die

Welpen im Ohr mit der Zuchtbuchnummer tätowiert sind. In der Ahnentafel, die zum Hund gehört, finden Sie die Zuchtbuchnummer wieder.
Verantwortungsvolle Züchter sind bestrebt, ihren Zwinger durch wesensfeste und schöne Hunde bekanntzumachen, die dann bei Körungen und Ausstellungen angenehm auffallen. Dazu benötigen sie Ihre Mithilfe! So bildet sich eine Partnerschaft zum Wohle von Herr und Hund.
Auf einen Nenner gebracht: Hundekauf ist eine Vertrauenssache. Deshalb möchte ich eindringlich vor dem kommerziellen Hundehandel warnen, wo Welpen als Ware ihre Tage im Schaufenster oder in ausgebauten Scheunen verbringen. Bevor sie dahin kamen, haben sie schon viele traurige Wochen in einer, oft sogar ausländischen, „Hundefabrik“ verbracht, um dann in eine Transportkiste gesetzt zu werden – Endziel Verbraucher. Behaftet mit Gesundheitsschäden und Wesensfehlern sitzen sie dann traurig herum und appellieren an das Mitleid der Käufer.

Haltung

Die Frage der Unterbringung und Versorgung muß geklärt sein, bevor der Kauf getätigt wird, denn das kommende Familienmitglied hat Anspruch auf eine artgerechte Haltung. Minimalforderungen sind im Tierschutzgesetz verankert. Da der Hund ein Rudel- und Lauftier ist, gilt es, diesen Bedürfnissen Rechnung zu tragen. Ständiger Kontakt mit Herrchen und Frauchen läßt sich oft nicht realisieren; deshalb halte ich eine Kombination von Haus- und Zwingerhaltung für vertretbar.
Kurzhaarige Hunde benötigen eine weiche Liegestatt, da sie sonst sehr schnell Liegebeulen zeigen. Bevor ich im einzelnen auf die Unterbringung eingehe, möchte ich *auszugsweise* das Tierschutzgesetz zitieren:

Abb. 5. Besonders wesensfeste Hunde eignen sich als Blindenbegleithund; sie benötigen aber eine lange und gründliche Zusatzausbildung.

Verordnung über das Halten von Hunden im Freien (vom 1. 1. 1975)

2. Anbindehaltung

§ 2

(1) Hunde dürfen nur dann angebunden gehalten werden, wenn ihnen im Aufenthaltsbereich ein Schutzraum, zum Beispiel eine Hundehütte, zur Verfügung steht.

(2) Der Schutzraum muß allseitig aus wärmedämmendem, gesundheitsunschädlichem Material hergestellt sein. Das Material muß so verarbeitet sein, daß der Hund sich daran nicht verletzen kann. Der Schutzraum muß gegen nachteilige Witterungseinflüsse Schutz bieten, insbesondere darf Feuchtigkeit nicht eindringen.

(3) Der Schutzraum muß so bemessen sein, daß der Hund sich darin verhaltensgerecht bewegen und den Raum durch seine Körperwärme warmhalten kann. Das Innere des Schutzraumes muß sauber, trocken und ungezieferfrei gehalten werden.
(4) Die Öffnung des Schutzraumes muß der Größe des Hundes entsprechen; sie darf nur so groß sein, daß der Hund ungehindert hindurchgelangen kann. Die Öffnung muß der Wetterseite abgewandt und gegen Wind und Niederschlag abgeschirmt sein.
(5) Der Aufenthaltsbereich in der engeren Umgebung des Schutzraumes muß saubergehalten werden.
Der Boden muß so beschaffen oder angelegt sein, daß Flüssigkeit versickern oder abfließen kann.
(6) Bei starker Sonneneinstrahlung und hohen Außentemperaturen muß dem Hund außerhalb des Schutzraumes ein schattiger Platz zur Verfügung stehen.

§ 3

(1) Hunde dürfen nur mit einem breiten, nicht einschneidenden Halsband oder einem entsprechenden Brustgeschirr angebunden werden.
(2) Die Anbindung (Kette, Seil oder ähnliches) muß mit zwei drehbaren Wirbeln versehen sein, die eine Verkürzung der Anbindevorrichtung durch Aufdrehen verhindern. Das Anbindematerial muß von geringem Eigengewicht und so beschaffen sein, daß der Hund sich nicht verletzen kann.
Bei Ketten darf die Drahtstärke der Glieder 3,2 mm nicht überschreiten.
(3) Die Anbindung darf nur an einer mindestens 6 m langen Laufvorrichtung (Laufseil, Laufdraht, Laufstange) angebracht werden. Die Anbindung muß an der Laufvorrichtung frei gleiten können und so bemessen sein, daß sie dem Tier einen zusätzlichen beiderseitigen Bewegungsspielraum von mindestens 2,5 m bietet.
(4) Laufvorrichtung und Anbindung müssen so angebracht sein, daß der Hund seinen Schutzraum ungehindert aufsuchen kann. Im Laufbereich dürfen keine Gegenstände vorhanden sein, die die Bewegung des Hundes behindern oder zu Verletzungen führen können. Kot ist regelmäßig zu entfernen.

3. Zwingerhaltung

§ 4

(1) Hunde dürfen nur dann in offenen oder teilweise offenen Zwingern gehalten werden, wenn ihnen innerhalb ihres Zwingers oder unmittelbar mit dem Zwinger verbunden ein Schutzraum zur Verfügung steht. Der Schutzraum muß den Anforderungen des § 2 genügen.

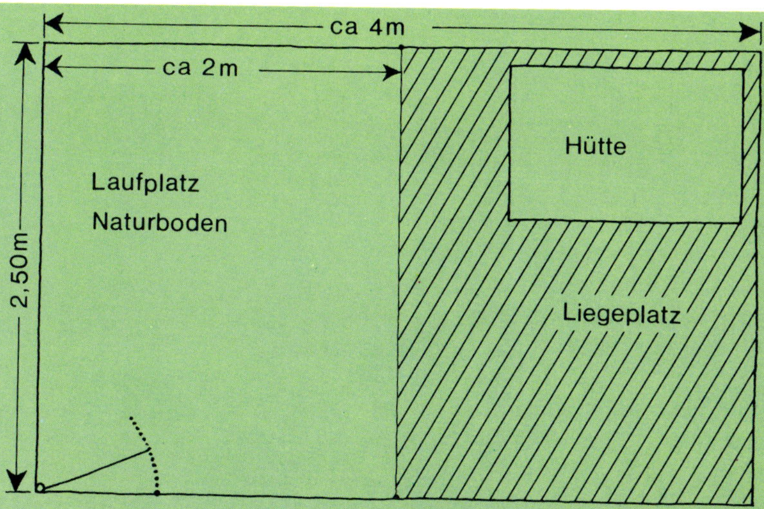

Abb. 6. Beispiel für die Aufteilung eines Zwingers mit Hütte und überdachtem Liegeplatz.

Im einzelnen sollte der Zwinger so gestaltet sein, daß der Hund gegen alle Witterungsbedingungen optimalen Schutz genießt und genügend Bewegungsfreiheit hat (Abb. 6). Eine Ecke im Zwinger sollte für das Urinieren eingerichtet sein. Als Unterlage bieten sich Sand oder Gras an. Das Absetzen von Kot im Zwinger sollte dem Hund nicht angewöhnt werden; bei ausreichenden Spaziergängen wird er es auch nicht tun! Das zitierte Tierschutzgesetz ist eine vom Gesetzgeber vorgeschriebene *Mindestforderung*, welche von einem echten Tierfreund eigentlich nicht unterschritten werden sollte.

Die Hütte sollte das aufrechte Stehen und ausgestreckte Liegen des Hundes ermöglichen. Sie soll doppelwandig mit Zwischenlagen aus

Isolierstoffen sein. Die Innenwände sollten leichtes Reinigen und Desinfizieren gestatten. Bei Verwendung eines Flachdaches entsteht eine zusätzliche Liegefläche. Die Liegefläche in der Hütte ist mit Hafer- oder Weizenstroh auszulegen. Damit beim Ein- oder Ausstieg die Strohlage in der Hütte bleibt, darf der Eingang nicht bis zum Boden durchgezogen sein; die Schwelle sollte aber nicht zu hoch sein, damit sie die Luftzirkulation zwischen Raum und Umgebung nicht behindert.

Für den Fall, daß der Hund in einer Mietwohnung gehalten werden soll, schauen Sie bitte in Ihrem Mietvertrag nach und fragen Sie ggf. den Vermieter. Informieren Sie auch Ihre Nachbarn über die Absicht – des lieben Hausfriedens willen.

In der Wohnung bekommt der Hund seinen Platz an einem zugfreien Ort, von dem aus er jedoch die Familie sehen kann. Meist ist der Flur geeignet. Eine Matratze auf einem etwas erhöhten Holzpodest (gegen Zugluft) reicht als Lager aus.

Abb. 7. a) Kettengliederhalsband, b) Stachelhalsband, c) Lederhalsband, d) Nylonhalsband.

Halsband und Leine

Für den Welpen bis zum 6. Monat empfiehlt es sich, ein verstellbares Lederhalsband zu kaufen; die dazu passende Leine ist auch einfach zu finden. Mehr Augenmerk erfordert die Auswahl des Halsbandes für einen auszubildenden Hund. Da die Befehlsübermittlung auf den Hund auch durch das Halsband erfolgt, lohnt es sich, die angebotenen Halsbandarten sorgfältig zu prüfen, bevor man sich entscheidet, welches Halsband für seinen Vierbeiner am besten geeignet ist.

Das *Kettengliederhalsband* (Abb. 7 a) dürfte das gebräuchlichste Halsband für einen Schäferhund sein, da es im allgemeinen auch täglich als „normales" Halsband getragen werden kann und für besondere Situationen als „Würger" den Hund zur Vernunft bringt.

Das *Stachelhalsband* (Abb. 7 b) ist ein Drangsalierinstrument, da sich die Stacheln in die Haut hineinbohren und dem Hund sogar Verletzungen beibringen können. Im Regelfall kennzeichnet ein solch geführter Hund die Unfähigkeit seines Besitzers. Hunde, die ausschließlich mit diesem Halsband geführt werden, bekommen ein „dickes Fell" und reagieren auch nicht mehr auf die Hautreize, so daß manche Hundeführer einzelne Stacheln extra anschleifen, damit eine stärkere Einwirkung möglich ist. – Armer Hund und armer Besitzer!

Das *Lederhalsband* (Abb. 7 c) ist für Hunde, die dauernd hiermit geführt werden, fellschonender; allerdings hat es den Nachteil, daß Zwischenstellungen, wie sie bei dem Gliederhalsband möglich sind, nicht vorhanden sind. Witterungseinflüsse (wie Regen oder Schnee) übersteht es nicht so gut.

Das *Nylonhalsband* (Abb. 7 d) ist für den erzogenen Hund ideal. Da Leine und Halsband aus einem Stück sind, läßt es sich bequem und leicht tragen. Der Hund kann frei laufen, ohne irgendwo hängenzubleiben. In gewissen Gefahrenmomenten, wenn z. B. Nachbars Fiffi wütend kläfft, wird schnell die Leine über den Kopf des Hundes gestreift, der Würger zieht sich zu, die Gefahr ist gebannt.

Der Hund auf Reisen

Eine Reise mit einem Hund kann ein Problem werden, deshalb muß gewissenhaft abgewogen werden, wohin die Reise geht und ob es nicht zu einer Strapaze für Herr und Hund wird.
Wenn Sie ins Ausland fahren wollen, müssen Sie sich rechtzeitig um die geltenden Veterinärbestimmungen für das jeweilige Land kümmern. Auskünfte hierüber erhalten Sie z. B. von Tierarzt, Veterinäramt, Reisebüro, Automobilklub oder dem zuständigen Konsulat. Mindestens 4 Wochen vor Antritt der Reise muß der Hund gegen Tollwut geimpft worden sein.
Der Vierbeiner ist im Auto so unterzubringen, daß er in einer Gefahrensituation (beim plötzlichen Bremsen) nicht nach vorne fliegen kann, sich verletzt oder eine ernste Behinderung des Fahrers darstellt. Entweder kommt der Hund auf den Rücksitz oder – bei einem Kombi – auf die Ladefläche, die mit einem Schutzgitter hinter dem Rücksitz gesichert sein sollte. Es empfiehlt sich zudem, den Hund während der Fahrt angeleint zu halten, denn die Erfahrung hat gelehrt, daß nach einem Unfall die Tiere in Panik aus dem Auto auf Nimmerwiedersehen verschwinden. Das Fahren im Auto ist für viele Hunde ein Problem. Da Hunde leicht zum Brechen neigen, ist es oft schon bei der ersten Schaukelpartie geschehen. Gewalt hilft hier gar nichts! Am besten bleibt der Hund vor Antritt der Fahrt nüchtern. Notfalls muß ein entsprechendes Präparat (z. B. Psyquil®; über Tierarzt) eingegeben werden.
Die erste Fahrt mit dem Welpen sollte nicht so lang sein und dem Tier Freude bereiten. Wenn Ihnen dies gelungen ist, können Sie den Rest des Kapitels überspringen.
Ist doch das gute Menü auf dem Polster gelandet, dürfen Sie nicht nervös werden; der Hund hat es nicht mit böser Absicht gemacht. Es heißt, geduldig dem Hund die Freude am Autofahren zu geben und die Angst zu nehmen. Wie bei allen Erziehungsfragen gilt auch hier: Liebe geht durch den Magen. Entweder geben Sie ihm einen Leckerbissen (z. B. Hundekuchen) oder das komplette Menü im Wagen – ohne zu fahren! Wenn das einige Zeit exerziert wird, steigt

Abb. 8 (links). Ein wohlerzogener Hund ist überall gerne gesehen, . . .
Abb. 9 (rechts) . . . deshalb ist schon beim Junghund auf konsequente Erziehung zu achten.

der Hund in Erwartung guter Dinge in das Auto. Wenn Sie diese Stufe des Erfolges erreicht haben, unternehmen Sie mit ihm kurze Fahrten, einmal um den Block und wenn's geht mit einer Begleitperson, die den Hund ablenkt und ein bißchen streichelt. Diese Fahrten sind in der ersten Zeit täglich durchzuführen, denn so gewöhnt sich der Hund an das Auto.

Für die große Reise nehmen Sie immer Wasser mit und steuern alle 2 Stunden den nächsten Parkplatz an. Bewegung und Auslauf sind eine Freude und Erholung für Herr und Hund. Sollten Sie mittags in ein Restaurant gehen und den Hund im Wagen zurücklassen, denken Sie bitte daran, den Wagen in den Schatten zu stellen und für Frischluft zu sorgen. Nicht vergessen, die Erde dreht sich! In der nächsten Stunde kann aus dem Schattenplatz schon ein Platz in der

Sonne geworden sein. Und wie hoch die Temperaturen in einem „besonnten“ Auto sind, wissen Sie ja wohl! Der Hitzestau kann beim Hund zu einem Kollaps oder gar zum Tod führen.
Bei längeren Reisen empfiehlt es sich, Fertigfutter mitzunehmen. Die Ernährungsfrage ist so am einfachsten zu lösen.
Nicht an allen Urlaubsplätzen sind Hunde erwünscht. Erkundigen Sie sich rechtzeitig! Eine ausführliche Liste mit Anschriften hundefreundlicher Hotels und Pensionen gibt Gerd Deußen (Ostwall 212, 4150 Krefeld) im Selbstverlag heraus.

Die Erziehung

Das Hauptaugenmerk sollte man der Erziehung widmen, denn die Harmonie zwischen Mensch und Hund kommt nur da voll zum Tragen, wo der Hund die ihm gegebenen Hör- und Sichtzeichen versteht und danach handelt. Denn gerade vom Schäferhund, einer seit langer Zeit auf Gebrauch gezüchteten Rasse, erwarten viele ein Vorbild an Wohlerzogenheit.
Leider erwarten manche Hundebesitzer zu viel von ihrem Vierbeiner, ohne ihm selbst das Wissen vermittelt zu haben. Nicht zu vergessen ist, daß nur weitergegeben werden kann, was der Erzieher selbst mitbringt. Auf einen Nenner gebracht: „Zeige mir deinen Hund, und ich sage dir, wer du bist!“
Erwarten Sie bitte jetzt kein Rezept „Man nehme!“. Danach lassen sich vielleicht Kuchen backen, aber keine Hunde erziehen! Der von Ihnen erworbene Hund hat das Recht auf eine Erziehung, die art- und typgerecht ist. Erziehen heißt, die positiven Eigenschaften fördern und die negativen ausmerzen.
Folgende Grundregeln sind zu beachten:

1. Konsequent sein! D. h. was heute erlaubt ist, darf morgen nicht verboten sein.
2. Eindeutige Hör- oder Sichtzeichen geben.

3. Das Lerntempo bestimmt der Hund.
4. Nie einen Hund mit der Hand schlagen.
5. Lernziele so setzen, daß am Ende der Lektion der Erfolg steht.
6. Die Erziehung beginnt im Welpenalter.
7. Bei guter Durchführung und nach getaner Arbeit viel loben.
8. Täglich üben, ca. 10 Minuten.
9. Wenn Sie ungeduldig werden, die Lektion abbrechen, nicht explodieren!
10. Wenn Strafe, dann sofort (im unmittelbaren Zusammenhang mit der „Tat“).

Die Erziehung des Welpen

Die Erziehung beginnt nicht mit Schelten! Im Spiel wird die Partnerschaft Mensch – Hund gebildet. Je lustvoller das Spiel mit dem Herrchen gestaltet wird, um so freudiger wird der Welpe im Spiel das lernen, was wir von ihm erwarten.
Selbstsicherheit, Selbstvertrauen und Disziplin, das sind drei Eckpfeiler, auf denen ein erfolgreicher Schutzhund aufgebaut werden kann. Leider wird gerade der ersten Lernphase zuwenig Beachtung geschenkt, obwohl hier die Grundlagen der Erziehung spielerisch erreicht werden können. Zwischen der 8. und 12. Woche durchläuft der Welpe die Sozialisierungsphase, d. h. in dieser Zeitspanne verwirklicht und baut er seine sozialen Antriebe aus; der Welpe will Partner des „Rudels“ werden. Gibt man ihm hierzu keine oder zu wenig Gelegenheit, dann entwickelt er sich zu einem kontaktarmen Hund, der sich nicht zur Ausbildung eignet.
Für einen Welpen (und den erwachsenen Hund!) gibt es nichts Schöneres, als mitten in der Familie zu leben. Dies bedeutet aber, daß er sich den Gegebenheiten anzupassen hat. Wenn die Grenzen fest umrissen und nicht zu klein geraten sind, dann fühlt er sich glücklich.
Schon der Welpe muß sich daran gewöhnen, auf seinem Lager zu bleiben. In den ersten Nächten, fern von den Wurfgeschwistern, stellt er uns auf die Probe, denn allein schlafen mag unser junger Freund nicht. Er wird weinen und nochmals weinen. Was tun?

Abb. 10 (links). Mit sanftem Druck auf die Kruppe wird der angeleinte Hund in die Sitz-Position geschoben.
Abb. 11 (rechts). Nach korrektem Sitzen gibt es viel Lob.

Nicht nachgeben! Watte in die Ohren stopfen! Als vorteilhaft erweist es sich, wenn der Welpe selbst „hundemüde" ist; dann übermannt ihn schnell der Schlaf, und die Nerven aller Familienmitglieder werden nicht so strapaziert.
Dies war der erste Erziehungsschritt. Der Welpe hat gelernt: „Anordnungen, die gegeben werden, werden auch gehalten!".
Die angestrebte Partnerschaft wird „verwässert", im wahrsten Sinn, wenn die Häufchen und Bächlein den Flur verzieren. Um diese unerwünschten Ereignisse auf ein Minimum zu begrenzen, empfiehlt es sich, dem kleinen Kerl so oft wie möglich Gelegenheit zu geben, sich im Freien zu lösen. Hierbei ist es vorteilhaft, immer dieselbe Stelle zu benutzen. Loben Sie ihn überschwenglich, wenn er sich am rechten Fleck gelöst hat. Hin und wieder passiert es natürlich, daß

der Welpe sich vergißt. Schimpfen Sie nicht auf den Welpen, sondern ermahnen Sie sich selbst und wischen Sie den „See“ auf (am besten mit einem Reinigungs- und Desinfektionsmittel, damit der Geruch und somit auch der Anreiz zum Wiederholen weggenommen wird). Die Methode, den Welpen mit der Nase in den „See“ zu stupsen, ist einfach phantasielos, denn der Welpe versteht dieses Drangsalieren überhaupt nicht. Der durchschlagende Erfolg ist höchstens ein verängstigter Welpe, der vor weiteren Erziehungsmethoden gewarnt ist. Wenn Sie sich vor Überraschungen sichern wollen und nicht immer mit Ihrem Spring-ins-Feld Gassi gehen können, nehmen Sie eine kleine Kiste, gefüllt mit Gras oder Sand, und stellen sie als Toilette auf. Hat der Welpe sie als sein Plätzchen akzeptiert, entfernen Sie die Kiste Schritt für Schritt aus der Wohnung. Wenn der Welpe Ihren Garten für seine Exkremente benutzen darf, bedenken Sie bitte, daß der Hund größer wird und somit auch seine Ausscheidung. Davon bekommt der Kulturrasen braune Flecke, abgesehen davon, daß man auch im heimischen Garten nicht gerne in die Hinterlassenschaften des Vierbeiners tritt. Deshalb gewöhnen Sie dem Welpen nichts an, was er auch als ausgewachsener Hund nicht darf.

Als neue Hörzeichen können jetzt *„Sitz“* und *„Nimm“* in das Lernprogramm genommen werden. Für das Hundeohr sollen die Befehle in hoher Stimmlage und langgezogen ausgesprochen werden, also etwa „Siiietz“. „Siiietz“ ist kein starker Zwang wie z. B. „Platz“, wo die Stimmlage nachdrücklich den unbedingt auszuführenden Befehl verdeutlichen muß. Die Stimme ist überhaupt ein wichtiger Befehlsvermittler. Lob und Anerkennung müssen anders klingen als Strafe und Befehl.

Wie soll der Welpe „Sitz“ lernen? Lustbetont! Was ist für den Welpen lustbetont? Sein Fressen!

Bevor der Welpe sich gierig auf sein bereitstehendes Futter stürzt, wird die Übung „Sitz“ durchgeführt. Durch sanftes Hinunterdrükken des Hinterteils, begleitet vom langgesprochenen „Sitz“, wird der Welpe vor seinen Futternapf gesetzt. Sitzt er dann, läßt man ihn los und gibt das Kommando „Nimm“. Wenn diese Übung regelmäßig vor dem Fressen durchgeführt wird, lernt bereits der Welpe freudig das, was auf manchem Ausbildungsplatz dem erwachsenen Hund mit Zwang und manchmal mit wenig Geduld eingetrichtert werden muß.

Parallel dazu ist der Hund an die *Leine* zu gewöhnen, auch hier langsam, aber konsequent. Bereits in der Wohnung bekommt der Welpe das Halsband umgelegt, so daß er sich daran gewöhnen kann. Der erste Spaziergang an der Leine ist mit etwas Einfühlungsvermögen für den Welpen zu gestalten. Das Lauftempo bestimmt der Welpe. Wenn er partout nicht dahin geht, wo Herrchen oder Frauchen hin wollen, holt man ein Spielzeug aus der Tasche und lockt ihn damit. Machen Sie nicht den Fehler, im Sonntagskleid auf die Promenade zu gehen nach dem Motto „Seht her, Leute, was ich an der Leine spazieren führe."! Wenn nämlich der Geführte dann nicht so richtig will, d. h. den Zwang ablehnt, wird er hinterhergezerrt, damit alle sehen können, wer der Herr ist! Folge ist, daß beide, Herr und Hund, voneinander enttäuscht sind und der nächste Spaziergang ohne den Hund erfolgt. Und damit kann sich schon das Ende der Gemeinschaft anbahnen. Hat der Hund ausreichende Möglichkeiten, ohne Leine im Freien herumzutollen, wird er sich daran gewöhnen, bei Bedarf und Gefahr gesittet an der Leine zu marschieren.

Es ist für die Entwicklung des Welpen unerläßlich, daß er mit allen Dingen konfrontiert wird, die das tägliche Leben mit sich bringt. Hierzu gehört: Straßenlärm, viele Menschen, Treppensteigen, Autofahren, Restaurants, Wildtiere, Katzen usw. Wenn Sie den Welpen mit all den Dingen behutsam bekannt gemacht haben, ist die Plattform für einen selbstsicheren Hund geschaffen und nicht für einen „Kaspar-Hauser-Typ", der verschreckt und unsicher ist.

Zum Abschluß des Kapitels möchte ich Ihnen noch aus praktischer Erfahrung zeigen, wie Sie den Welpen leiten können, ohne Zwang auszuüben.

1. Der Welpe kommt auf ein gegebenes Hörzeichen nicht zurück. Nur nicht nervös werden! Gehen Sie in die Hocke und knistern Sie mit Papier, in dem nach Möglichkeit ein Leckerbissen sein sollte, oder versuchen Sie, einfach wegzulaufen. Wenn dies nichts nützt, dürfen Sie nicht in den Fehler verfallen, dem Welpen mit hochrotem Kopf nachzulaufen. Der Welpe bekommt Angst und läuft noch schneller weg oder betrachtet das als neues „Hasch-mich-Spiel".

Die Schuld liegt bei Ihnen, denn ein Hund sollte sich nur so weit vom Führer entfernen, wie dessen Kommandogewalt (Einwirkung) reicht.

2. Was tun, wenn der Welpe an der Tischdecke zieht? Stellen Sie einfach auf den Rand des Tisches eine Büchse mit Schrauben, die beim Ziehen mit Getöse runterfällt. Gegen viele Unarten, die sich im Laufe der Zeit einstellen, ist so eine klappernde Büchse ein „Heilmittel“.

3. Gefällt es Ihnen, wenn der Hund vor Freude an Ihnen hochspringt und dabei seine Pfoten an Ihrer Garderobe abwischt? Wenn ja, dann überspringen Sie den Abschnitt. Wenn nicht, müssen Sie etwas dagegen tun, auch wenn es natürlich hart ist, wenn man einen freudig erregten Hund zurechtweisen muß. Ein Junghund gewöhnt es sich schnell ab, wenn Sie ihn – während er hochspringt – kurz auf die Hinterhand treten und dazu warnend sagen: „Pfui ist das“.

Sie können den Hund auch gegen das angewinkelte Knie springen lassen; auch hier wird er durch den Schmerz begreifen, daß dies unerwünscht ist.

4. Gefällt es Ihnen, wenn Ihr Hund bei anderen um Futter bettelt? Wenn nein, dann bitten Sie doch einen Ihrer Bekannten, dem Hund einen Leckerbissen mit einer Gabel zu geben und ihn beim Geben kurz auf die Zunge zu pieksen, auch hier gepaart mit dem Hörzeichen „Pfui ist das“.

5. Gefällt es Ihnen, wenn der Rüde Aufreitversuche auf menschlichen Körperteilen, hauptsächlich Beinen, unternimmt? Wenn nicht, unterbinden Sie dies rechtzeitig, denn wenn der Hund erst einmal eine Lustbefriedigung erfahren hat, ist es schwer, ihn wieder davon abzubringen. Im Anfangsstadium genügt meist ein Klaps mit einer Zeitung.

Haben Sie allerdings den Anfängen zu wenig Beachtung geschenkt, wird der Hund ein Fall für den Tierarzt. Deshalb wehret den Anfängen!

Wenn der Welpe spielerisch mit diesen „Pflichtübungen“ bekanntgemacht wird, merkt er den Zwang und die Unterordnung kaum. Sie aber legen mit diesen ersten wichtigen Übungen die Basis für die spätere Ausbildung Ihres Schäferhundes.

Der Junghund

Aus dem niedlichen Welpen ist ein vor Kraft strotzender Junghund herangewachsen, der in die Flegelzeit kommt. Diese Phase ist nicht ganz unproblematisch. Im Rudel würde jetzt die Rangordnung festgelegt werden. Da dem Junghund diese Positionskämpfe fehlen, ist die Familie sein „Ersatzrudel". Der Junghund will jetzt ausprobieren, wie weit er gehen kann, bis der Rudelführer eingreift.
Als Rudeltier benötigt der Hund eine eindeutige Rangordnung; er ist unglücklich, wenn diese Ordnung nicht vorhanden ist. Ist keine Autoritätsperson da, setzt der Junghund sich selbst als Rudelführer ein. Und dann „Gute Nacht"! Um als Hundehalter nicht in die untergeordnete Position zu geraten, ist es vorteilhaft, wenn der Hund die Unterordnung mit den Übungen „Fuß", „Sitz" und „Platz" beherrscht. Damit kann der Besitzer notfalls seine ranghöhere Stellung durchsetzen.
Ein „weicher" Hund wird sich leichter unterordnen als ein harter. Der wird sich auch durch schmerzhafte Einwirkung nicht so schnell beeindrucken lassen und hartnäckig versuchen, einen höheren Rang zu erobern. Hier ist es ganz besonders wichtig, stets konsequent zu bleiben. Es darf nicht heute erlaubt sein, was morgen verboten werden muß. Jede Nachgiebigkeit wird der Hund sofort zu seinen Gunsten ausnützen.

„Bei Fuß gehen"
In der Praxis hat es sich bewährt, den Hund an der linken Seite gehen zu lassen; die Schulter des Hundes sollte hierbei in Höhe des Hundeführers (HF) sein. Das hat den Vorteil, daß Richtungsänderungen vom Hund schnell wahrgenommen werden können.
Zur besseren Konzentration beginnt die Übung aus der Grundstellung, der Hund sitzt links neben dem HF. Mit dem Kommando „Fuß" setzt sich der HF in Bewegung und nimmt den Hund mit. Die Leine hält er in der rechten Hand. Korrekturen, z. B. beim Vorprellen oder Zurückbleiben des Hundes, werden unter Zuhilfenahme der linken Hand mit einem kurzen Ruck an der Leine durchgeführt. Nach erfolgter Korrektur wird der Hund gelobt „So ist's brav". Der Hund lernt bei diesem Aufbau der Übung, daß es Lob

und Belohnung gibt, wenn er nah beim Herrn bleibt, daß es aber wehtut, wenn er vorausläuft oder zurückbleibt. Wenn der HF dies seinem Schützling eindeutig klargemacht hat, ist schon ein großes Stück Arbeit geleistet. Es empfiehlt sich, auch während des Laufens mit der linken Hand den Kopf zu streicheln, um so die Laufrichtung zu dirigieren und die Aufmerksamkeit des Hundes auf sich zu lenken. Wenn es aus der Tasche dann noch verdächtig nach Belohnung riecht und knistert, sind sehr oft keine starken Hilfen (Zwänge) notwendig, um den Hund bei Fuß zu halten. Wenn Sie der Meinung sind, daß der Hund richtig läuft, hören Sie auf, loben ihn kräftig und belohnen ihn auch. Danach darf zur Entspannung ein bißchen getobt werden, aber auch hier bestimmen Sie das Ende, nicht der Hund.
Stetiges Wiederholen festigt die Lektion. Aber lassen Sie nicht im Gefühl des Sieges den Hund zu früh ohne Leine bei Fuß laufen! Bedenken Sie, daß Sie ohne Leine so gut wie keine Korrekturmöglichkeit mehr haben. Fehler und Unachtsamkeit lassen sich dann nur noch schwer ausmerzen.

„Platz“

Zur Grundausbildung gehört auch das Befolgen des Hörzeichens „Platz“. Da es einem temperamentvollen jüngeren Hund sehr schwerfällt, ruhig dazuliegen, ist es ratsam, diese Übung am Ende eines ausgedehnten Spazierganges durchzuführen. Der *angeleinte* Hund muß sich auf das Kommando „Platz“ hinlegen und ruhig liegenbleiben. Am einfachsten können Sie dem Hund die Ausführung beibringen, wenn er sitzt. Ziehen Sie ihm sanft die Vorderbeine nach vorne und drücken Sie in Höhe des Widerristes auf den Rükken. Für alle Fälle sollte der Fuß auf der Leine stehen, damit das Aufstehen verhindert wird. Lassen Sie den Hund zunächst höchstens eine Minute so liegen. In der liegenden Stellung erhält er dann eine Belohnung. Hat der Hund das Kommando „Platz“ richtig verstanden und befolgt er es sofort, können Sie sich immer weiter vom liegenden Hund entfernen. Allerdings bleibt er noch immer an der Leine, die Sie entweder verlängern oder vorsichtig ablegen können. Jeden Ruck an der Leine wird der Hund als Aufforderung zum Aufstehen empfinden (Abb. 12).

Abb. 12. Damit bei den „Platz"-Übungen der Hund nicht zu Ihnen laufen kann, legen Sie die Leine am besten um einen Baum oder Pfosten.

Eine zusätzliche Hilfe zum Liegenbleiben kann auch eine mit Lekkerbissen gefüllte Schachtel sein, die vor dem abgelegten Hund steht und nach getaner Arbeit und dem verdienten Lob geöffnet wird.

Bringen eines Gegenstandes

Bevor Sie zum Bringholz greifen, rate ich zu einem weichen Gegenstand für die ersten Bringübungen, z. B. einem Stück Leder oder fest zusammengewickeltem Stoff. Bitte achten Sie von Anfang an darauf, daß dieser Gegenstand nicht geknautscht wird, denn dies ist eine Unart und hat bei einem späten Wettkampf Punktabzug zur Folge. Werfen Sie den Gegenstand nicht auf Wiesen, denn mancher Junghund hat eine empfindliche Nase und läßt den Gegenstand gern liegen, wenn das Gras piekt. Achten Sie beim Herstellen des Gegenstandes darauf, daß der Hund ihn leicht aufnehmen kann. Bedenken Sie bitte, daß – aus der Sicht des Hundes – sich bewegende Gegenstände immer interessanter sind und somit den Jagdtrieb wecken, ein herumliegendes Holz aber höchst uninteressant ist. Aus diesem Grund holen Hunde gerne fliegende Gegenstände ein. Da die Prüfungsordnung aber vorschreibt, daß der Gegenstand liegt, bevor der Hund ihn holen darf, ist dies eine Gehorsamsübung, bei der Sie auf Mitarbeit des Hundes angewiesen sind. Lassen Sie den Hund absitzen und werfen Sie dann den Gegenstand; erst wenn der liegt, darf der Hund aufstehen und hinterdreinlaufen.

Die Ausbildung des Hundes

Es müßte für jeden Tierfreund und Besitzer eines Schäferhundes eine Selbstverständlichkeit sein, den Hund auszubilden – aber nicht nach der 08/15-Methode, sondern speziell auf seinen Hund ausgerichtet. Deshalb ist es vorteilhaft, wenn man sich rechtzeitig einem naheliegenden Schäferhundverein oder Gebrauchshundeverein anschließt. Bevor Sie allerdings daran gehen, Ihren Hund zum „Weltmeister" auszubilden, sollten Sie ihn einem Wesenstest unterziehen lassen nach bewährter Vorlage von Professor Eugen Seiferle. Es würde den Rahmen des Buches sprengen, wenn der Test im Detail erläutert würde. Aber es ist wohl einleuchtend, daß eine optimale Nutzung der positiven Erbanlagen nur dann gewährleistet ist, wenn Klarheit über das im Hund schlummernde Erbgut herrscht.
Aufgrund der gewonnenen oder bestätigten Erkenntnisse über die Charakteranlagen sollte der Junghund aufgebaut werden, wobei das Lerntempo der Hund bestimmt.

Fährtenarbeit

Parallel zu den Unterordnungsübungen sollte man mit dem Hund die Fährtenarbeit beginnen. Viele Wege führen hier zum Erfolg. Ein Psychologe sagte einmal: „Jedes Mittel ist richtig, wenn es zum positiven Lernerfolg führt."
Ich habe folgende Methoden erfolgreich erprobt: Mit dem Freßnapf unter dem Arm, den Hund an der Leine, geht es am Morgen, wenn

noch alles ruhig ist, los. Zunächst gibt man dem Hund Gelegenheit, sich zu lösen und auszutoben. An dem ausgesuchten Fährtengelände wird der Hund angebunden. Man zeigt dem hungrigen Schüler die Futterschüssel und begibt sich ans Fährtenlegen (Abb. 13).

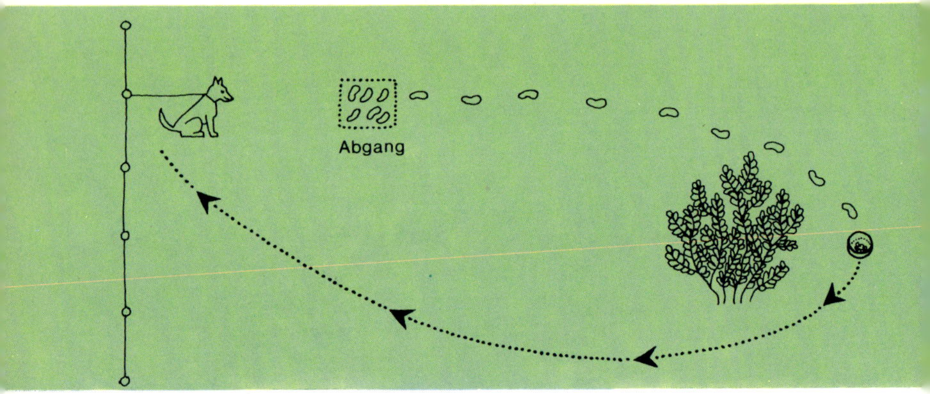

Abb. 13. Die erste Übungsfährte. Der Freßnapf wird versteckt; der Hundeführer kehrt in weiter Umgehung der Fährte zum wartenden Hund zurück.

Nachdem man sich einige Meter vom Hund entfernt hat, wird ein Abgang zur Witterungsaufnahme getreten (ca. 3/4 m^2), darauf kommen 2 – 3 Bröckchen des Futters. Der Hund wird diese Aktion gespannt beobachten, das Wasser wird ihm im Maul zusammenlaufen. Sie aber gehen mit schlürfenden Schritten geradeaus weiter, wobei Sie hin und wieder einen Leckerbissen fallen lassen. Ihr Ziel ist ein Busch oder eine Unebenheit im Gelände, wo Sie den Futternapf verstecken. Unter weiter Umgehung der Fährte gehen Sie zu Ihrem Hund zurück.
Mit dem angeleinten Hund beginnen Sie am Abgang die Fährtenarbeit. In gebückter Haltung, mit der rechten Hand im Gras, zeigen Sie dem Hund den Abgang und sagen dazu das neue Hörzeichen „Such, such, so ist's brav“. Anhand der von Ihnen getretenen Fährte können Sie selbst verfolgen, ob der Hund noch in der Spur ist. Wenn Sie dies eine Woche lang täglich üben, bin ich der Meinung, daß der Hund eindeutig begriffen hat, was das Hörzeichen „Such“

bedeutet. Jetzt sollten Sie beginnen, zusätzlich Gegenstände mit auf die Fährte zu nehmen (z. B. Kinderschuhe). Diese legen Sie auf die Fährte und stecken innen hinein ein Bröckchen Futter. Der Hund wird wie gewohnt der Fährte nachgehen bis zum ersten Gegenstand und verdutzt feststellen, daß er nicht an den Leckerbissen herankommt. Hier kommt vom Hundeführer ein Haltekommando. Nachdem der Hund nun „Sitz" oder „Platz" gemacht hat, nimmt der HF das Futterbröckchen aus dem Schuh und gibt es dem Hund. Dies hat den Sinn und Zweck, daß der Hund nicht die Gegenstände überläuft, sich also von den Gegenständen die Leckerbissen im Vorbeigehen nimmt und dem nächsten zustrebt. Wenn Sie der Meinung sind, daß der Hund die Fährte kann, sollten Sie immer weniger Lekkerbissen geben, als Ersatz dafür aber ausreichend loben.

Abb. 14. Die Fährtenarbeit im Frühjahr über einen Acker ist Teil A der Schutzhundeprüfung.

Zu diesem Thema gehören auch die Begriffe „mit hoher Nase“ und „mit tiefer Nase“. Lassen Sie sich bitte nicht irritieren, wenn sogenannte Experten leichtfertig aus ihrer „langjährigen“ Erfahrung gefragt oder ungefragt verkünden: „Der Hund taugt nichts, der hat die Nase viel zu hoch.“ Da wir keine so empfindliche Nase haben wie unser Hund, können wir natürlich auch die Fährtenarbeit nicht nachempfinden, deshalb sollten manche Experten doch etwas vorsichtiger mit ihrem Urteil sein. Die gelegte Fährte ist mit einer dreidimensionalen Geruchsbahn vergleichbar, an der der Hund sich orientiert. Einflüsse auf diese Geruchsbahn haben der Wind, die Temperatur und die Feuchtigkeit sowie der herrschende Luftdruck. Die Freiheit der Nasenhaltung, ob hoch oder tief, müssen wir dem Hund überlassen.

Schutzdienst

Der Schutzdienst ist die beliebteste Übung bei fast allen Hundeführern. Aus diesem Grund wird der Hund sobald wie möglich an die Mannarbeit herangeführt. Dies halte ich nur dann für sinnvoll, wenn der Hund zuverlässig hört, d. h. den gegebenen Hörzeichen auch in einer Reizsituation Folge leistet. Sehr oft sieht es in der Praxis aber so aus, daß auch nicht völlig gehorsame Hunde zur Mannarbeit zugelassen werden. Hier verstehe ich so manchen Ausbilder nicht, daß er den Bitten des unerfahrenen HF nachgibt und den Hund hetzt.
Ob der Hund einen Schutztrieb hat, kann man leicht feststellen, indem ein nach Seiferle beschriebener Test wie folgt durchgeführt wird: Eine dem Hund unbekannte Person, ohne Hetzarm und unbewaffnet, schreitet harmlos am Hund vorbei und unternimmt dann plötzlich einen eindeutigen, auf den HF gerichteten Angriff und attackiert und schüttelt ihn mit Drohgebärden (Abb. 15). Der HF schreit auf und setzt sich zur Wehr. Ein mindestens 8 Monate alter Junghund, roh in der Ausbildung, sollte sich so verhalten: Bellen, Zähne zeigen, gesträubtes Rückenhaar, hochgetragener Schwanz und aufgerichtete Ohren.
Zeigt der Hund keine der genannten Reaktionen, sondern weicht er

mit Fluchttendenz ängstlich zurück, dann glaube ich behaupten zu können, daß der ängstliche Typ zum Schutzdienst nicht geeignet ist und der Hund mit den gewünschten Reaktionen erst dann mit der Mannarbeit konfrontiert werden sollte, wenn er das Einmaleins der Unterordnung beherrscht.
Zur Unterordnung in der Abteilung Schutzdienst zählt: Revier oder Voran, Stellen und Verbellen.
Beginnen Sie mit der Übung *„Stellen und Verbellen"*. Auf vielen Prüfungen gehen gerade dabei Punkte verloren, weil die Hunde entweder den Helfer gleich fassen oder das Versteck verlassen und

Abb. 15. Beim Schutztriebtest nach Seiferle soll der Hund zeigen, ob er einen natürlichen Schutztrieb besitzt.

zum HF zurückkommen. Das Hauptübel liegt hier im Beißen; der Reiz des Hetzarms ist so stark und der Einfluß des HF so schwach, daß bei dieser Übung schon mancher greifbar nahe Sieg entschwand. Es lohnt sich also, etwas Geduld aufzubringen und diese Übung exakt zu lernen. Wenn der HF dem Hund beibringt, sich vor dem Helfer zu setzen, ist die Gefahr des Herauslaufens aus dem Versteck schon einmal gebannt, das Bellen ist nicht das Problem, hier kann der Helfer etwas nachhelfen.
Die Übung *„Voran"* oder *„Revier"* ist nicht problematisch, nur sollte auch hier der Hund das Hör- und Sichtzeichen beherrschen, damit er dann nicht auf dem Hundeplatz frei stöbert.
Abschließend zum Kapitel Schutzdienst möchte ich noch einige Be-

Abb. 16–20. Schutzhundeprüfung, Teil B.
Abb. 16 (oben links). Freisprung über eine Hürde und Holen eines Bringholzes.
Abb. 17 (oben rechts). Die Schrägwand ist 1,80 m hoch.
Abb. 18 (links). Trotz Bedrohung mit einem Stock greift der Hund den Helfer an und zeigt seine Kampfstärke.
Abb. 19 (rechts oben). Weitsprung – eine Alternative zur Kletterwand.
Abb. 20 (rechts unten). Stellen und Verbellen eines Helfers.

merkungen zur Mannarbeit machen. Bei allem Eifer sollte doch nicht vergessen werden, daß es sich hierbei um Hunde*sport* handelt. Mit Junghunden (bis zur Geschlechtsreife) Mannarbeit zu machen, ist witzlos; erst wenn der Junghund die von Seiferle angezeigten Schutzreaktionen zu erkennen gibt, ist eine Reife vorhanden. Andernfalls ist der Sack für den Hund ein Spielzeug, so daß es vorkommt, daß der Hund nur auf den Hetzarm fixiert ist; wenn der Helfer dem Hund den Hetzarm überläßt, kann er ruhig seiner Wege gehen. Dies ist doch wohl nicht der Sinn der Übung!

Ernährung

Zur Hochleistungszucht gehört auch eine entsprechende Fütterung des Hundes. Denn durch die Zusammensetzung des Futters kann man die körperliche Entwicklung und die Kondition beeinflussen. Als kostenlose Einflußgröße sind die UV-Strahlen (Sonne) und die Bewegung anzusehen. Um den Bedürfnissen des Hundes gerecht zu werden, sollte man wissen, welche wesentlichen Bestandteile ein artgerechtes Futter enthalten muß.
Die wichtigsten Bausteine sind Eiweiß, Fett, Kohlenhydrate, Mineralstoffe und Vitamine.
Eiweiß (Protein): Ist für alle Lebensvorgänge notwendig. Tierisches Eiweiß ist enthalten in Muskelfleisch, Innereien, Fisch, Eiern und Milch (auch in Quark und Käse). Pflanzliches Eiweiß findet sich in Haferflocken, Reis und Sojaschrot.
Fett: Etwa 5% Fett muß im Fressen sein. Dazu gehören die essentiellen (=lebensnotwendigen) Fettsäuren, die der Körper nicht selbst aufbauen kann. Für die Resorption einiger Vitamine ist Fett ebenfalls unersetzlich.
Kohlenhydrate (Stärke, Traubenzucker): Sie sind der „Brennstoff des Lebens“ und finden sich in Getreideflocken, Brot. (Nur aufgeschlossen kann der Hund sie verwerten.) Kohlenhydrate können im

Gewicht des Hundes	zu verrichtende Arbeit	Kalorienwert	Minimum an Eiweiß in g	Fette in g	Kohlenhydrate in g
20 kg	bei Ruhe	1288	44	12	243
	leichter Arbeit	1485	57	14	275
	mittelschwerer Arbeit	1706	73	16	308
	Schwerarbeit	2175	81	20	405
27 kg	bei Ruhe	1590	55	15	300
	leichter Arbeit	1834	70	17	340
	mittelschwerer Arbeit	2107	90	20	380
	Schwerarbeit	2685	100	25	500
40 kg	bei Ruhe	2068	71	19	390
	leichter Arbeit	2385	91	22	442
	mittelschwerer Arbeit	2740	117	26	494
	Schwerarbeit	3490	130	32	650

Tabelle 1. Kalorienbedarf des Hundes (nach Descambre).

Körper aus Eiweiß aufgebaut werden. Ein Überangebot setzt sich jedoch in Fett um – und davon wird der Hund dick! Notwendig sind Rohfasern, die sog. Ballaststoffe, die die Verdauung anregen.

Mineralstoffe: In einer ausgewogenen Kost sind sie meist ausreichend enthalten. Wichtige Mineralstoffe sind Kochsalz, Kalzium und Phosphor, dazu eine ganze Reihe von Spurenelementen, wie Eisen.

Vitamine: Auch sie sind zum Gedeihen und Wohlbefinden wichtig. Außer in Zeiten besonderer Belastung sind zusätzliche Gaben meist nicht notwendig, wenn die Nahrung vielseitig ist. Vitamin A ist enthalten in Leber und Niere und (als Provitamin A) in Möhren. Es hat großen Einfluß auf das Wachstum. Vor Überdosierung ist hier zu warnen. Vitamine der B-Gruppe regulieren viele Stoffwechselprozesse. Sie finden sich in Haferflocken, Eiern, Milch und Bierhefe. Vitamin C und K kann der Hund selbst aufbauen. Vitamin D, das antirachitische Vitamin, ist für Welpen, tragende und säugende Hündinnen besonders wichtig, da es zur Entwicklung des Skeletts (bei der Aufnahme von Kalzium und Phosphor) gebraucht wird. Das Vitamin E ist günstig für die Fruchtbarkeit und die Trächtigkeit und wird beim Muskelstoffwechsel gebraucht.

Der prozentuale Anteil von Eiweiß und Fett in der Nahrung hängt im wesentlichen vom Alter des Hundes und von der zu leistenden Arbeit sowie den Wetterbedingungen, ob kalt oder warm, ab. Nach Descambre hat der Hund unter Berücksichtigung seines Körpergewichts und der zu leistenden Arbeit den in Tabelle 1, S. 39, dargestellten Kalorienbedarf.

Diese Werte haben keine Gültigkeit für heranwachsende Hunde, hier ist ein höherer Eiweißanteil anzusetzen.

Produkte	Eiweiß in %	Fette in %
Milchpulver, vollfett	22,5	20,5
Magermilchpulver	32,4	0,5
Fleischmehl	72	13
Fisch, mager	17	0,3
Fischmehl	71	3
Rinderherz	19,3	13,3
Rinderleber	20,1	5,5
Rindermilz	19,8	2,5
Rindermagen	10	10
Blut vom Rind	6,9	0,2
Knochenmehl, frisch	11,3	15,5
Lebertran	–	99

Tabelle 2. Eiweiß- und Fettanteile in Nährstoffen.

In der Tabelle 2 auf Seite 40 sind auszugsweise die Mittelwerte (in Prozent) von tierischen Produkten erfaßt, welche in der Hundeernährung verwendet werden.
Besonders in Zeiten erhöhter Leistungsanforderung ist der Organismus des Hundes auf biologisch-hochwertiges Futter mit hohem Eiweißanteil angewiesen, das ihm täglich zugeführt werden muß, weil er Eiweiß nicht speichern kann. Da die Verdauungsorgane des Hundes nicht imstande sind, Rohfasern aufzuschließen, müssen diese gekocht werden.
Aus der Vielzahl der Produkte eignen sich für die Fütterung besonders Sojaschrot, Reis, Haferflocken, Schwarzbrot. Wobei zu erwähnen ist, daß Sojaschrot ein sehr gehaltvolles Futter ist. Seine Bedeutung liegt in der großen Menge hochwertiger Nährstoffe mit folgenden Anteilen: Eiweiß 39%, Fett 24%, Kohlenhydrate 28% sowie Vitamin E. Bei einem Besuch im Reformhaus finden Sie Sojamehl im Angebot; ich beziehe es von landwirtschaftlichen Großhandlungen.
Wichtig für den Hund ist auch Gemüse, das Vitamine, Mineral- und Ballaststoffe liefert, z. B. Spinat, Möhren, Salat, Tomaten, Zwiebeln, Lauch, Knoblauch, dazu auch Bananen, Orangen, Äpfel.

Welpenfütterung

Die Futterzusammensetzung für einen Welpen sollte nach der Trennung von seinen Wurfgeschwistern vorerst so beibehalten werden, wie der Züchter dies vorgenommen hat, um Umstellungsschwierigkeiten zu vermeiden. Grundsätzlich ist folgendes einzuhalten:

1. Immer zur gleichen Tageszeit füttern.
2. Das Futter stets lauwarm füttern, niemals heiß oder eiskalt!
3. Die Futtermenge so bemessen, daß der Napf nach 10 – 15 Minuten leer ist. Reste wegnehmen!
   Schlechte Fresser werden nicht geboren, sondern erzogen. Hunger ist der beste Koch. Füttern mit dem „Nudelholz“ ist Tierquälerei.
4. Niemals kurz vor oder nach dem Fressen tränken. Statt Wasser Kamillentee geben, hierdurch reduziert der Welpe die Wasseraufnahme, und kleine Wehwehchen werden beseitigt.

5. Nach dem Füttern dem Welpen eine Ruhepause gewähren.
6. Futtermischungen sollten grundsätzlich krümelig und nicht suppig sein. Nur so wird das Futter besser eingespeichert und dem Organismus unnötiges Wasser vorenthalten.
7. Immer nur so viel füttern, daß der Hund gut genährt, aber nie dick wird.
8. Nie splitternde Knochen füttern (z. B. Geflügelknochen, auch keine Kotelettknochen).
9. Für Aufenthalt im Freien sorgen. Dies gilt besonders für Würfe in

Zeit	Futterzusammenstellung	Bemerkungen
7 Uhr	Welpenfertigfutter, in Milch aufgeweicht	Fertigfutter ist schnell zubereitet
11 Uhr 1. Hauptmahlzeit	⅔ Fleisch, bestehend aus Muskelfleisch und Blättermagen ⅓ Hundeflocken und Gemüse (Salat, Tomaten, Spinat) Bäcker- oder Bierhefe (Taubeneigröße)	man gebe eine Prise Salz hinzu
16 Uhr	Quark mit Obst	
19 Uhr 2. Hauptmahlzeit	⅔ Fleisch (Leber oder Milz und Pansen oder Muskelfleisch) ⅓ Welpenfertigfutter; zweimal wöchentlich etwas Lebertran und Kalziumkarbonat oder Tabletten	mit einer Prise Salz
22 Uhr	Hundekuchen	

Tabelle 3. Futtervorschlag für Welpen (8. – 12. Woche).

sonnenarmen Jahreszeiten (Vitamin D-Ausbildung durch Sonnenlicht).

Das sind die Rahmenbedingungen; wenden wir uns nun dem eigentlichen Futter zu.

Das Verhältnis Kuhmilch : Hundemilch ergibt, daß Hundemilch dreimal gehaltvoller ist. Deshalb ist dem heranwachsenden Hund ein Qualitätsfutter zu geben, denn Mängel in dieser Phase können im Nachhinein nicht ausgeglichen werden.

Mein Futtervorschlag für Welpen von 8 – 12 Wochen s. Tabelle 3.

Begründung

Der Welpe ist frühzeitig auch mit Fertigfutter bekanntzumachen, da es ausgewogener als manches selbstgebraute Futter ist. Auf Reisen ist dieses Futter problemloser.

Leber oder Milz sind nur gekocht zu verfüttern, da ansonsten die Hunde Durchfall bekommen. Wenn Sie nicht empfindlich sind, sollten Sie Blättermagen und Pansen (noch „grün“, also ungewaschen) verfüttern. Die im Pansen bereits vorverdauten pflanzlichen Stoffe kann der Hund besonders gut aufschließen. Beim Füttern von Quark und Milch ist anfangs etwas Vorsicht geboten, denn manche Welpen bekommen auch hiervon Durchfall.

Apropos Durchfall, seien Sie vorsichtig bei der Wahl von Hausmitteln! So führt z. B. Mexaform® bei Hunden zu Blutungen in den Harnorganen.

Die Fütterung von Knochen ist *nicht* zu empfehlen, da das Risiko, welches damit eingegangen wird, in keinem Verhältnis zu dem Nutzen steht.

Ernährung des heranwachsenden Hundes

Bis zu einem Alter von 20 Wochen sollte die Welpenfutterzusammenstellung beibehalten werden. Ab der 20. Woche kommt der Junghund mit 3 Mahlzeiten aus. Die 16 Uhr-Mahlzeit wird gestrichen; Quark und Obst gibt's zu den beiden Hauptmahlzeiten (11 und 19 Uhr). Das Welpenfertigfutter wird durch normales Fertigfutter ersetzt. Zufütterung von Lebertran und Kalziumkarbonat oder

Vitamintabletten in niedriger Dosierung (Angaben beim jeweiligen Präparat) sind wachstums- und gesundheitsfördernd, besonders in der sonnenarmen Zeit. Aber Vorsicht, eine Hypervitaminose kann leicht eintreten.
Etwa ab 6 Monaten ist der Verdauungsapparat so gewachsen, daß der Nahrungsbedarf (bis ca. 1 1/2 Jahre) auf 2 Mahlzeiten verteilt werden kann. Diese Phase der Fütterung kostet Geld, da weiterhin ein Qualitätsfutter zu geben ist, die Menge aber nicht geringer wird. Bedenken Sie immer, daß ein Hund innerhalb von nur 2 Jahren die gleiche körperliche Entwicklung durchläuft wie ein Mensch in ca. 18 Jahren. Was in dieser Zeit in der Ernährung versäumt wird, kann später nicht nachgeholt werden!

Ernährung des erwachsenen Hundes

Die Fütterung eines gesunden Schäferhundes ist nicht problematisch und erfolgt einmal täglich. Als Faustregel gilt hier 2/3 tierische Produkte und 1/3 Pflanzenprodukte, unter Beigabe von Gemüse oder Obst und Bäckerhefe (etwa Taubeneigröße). Um Mangelerscheinungen vorzubeugen, sollten Sie die Futterzusammenstellung variieren. Beigaben von Knochen- oder Fischmehl bekommen dem Hund ebenfalls sehr gut. Die Futtermenge ist individuell zu bestimmen, da sie einmal von der Veranlagung des Hundes, andererseits auch von der zu leistenden Arbeit abhängt.
Für einen Deckrüden und eine Zuchthündin darf die ständige Gabe von Vitamin E nicht vergessen werden, denn war der Mangel an Vitamin E so groß, daß der Rüde steril geworden ist, helfen auch nachträglich erhöhte Gaben nichts mehr. Bei tragenden Hündinnen kann es bei Vitamin E-Mangel zum Absterben der Feten kommen.
Der Fütterung einer tragenden Hündin sollten wir die gleiche Aufmerksamkeit zukommen lassen, wie wir es bei den Welpen taten. Bedenken Sie bitte, innerhalb einer Tragzeit von rund 60 Tagen muß die Hündin etwa 900 g Eiweiß zusätzlich bilden – bei einer zu erwartenden Wurfstärke von 6 Welpen mit einem Gesamtgewicht von ca. 3 kg. Bezogen auf einen Tag ergibt dies 15 g Eiweiß zusätzlich zum Eigenbedarf der Hündin. Dieser Mehrbedarf ist nur durch

Abb. 21. Bewegung, Beschäftigung und ausgewogene Ernährung sind wichtig für das Gedeihen unserer Hunde.

Erhöhung der Qualität zu erreichen, unter Beibehaltung der üblichen Menge. Ein aufmerksamer Züchter verteilt diese Menge auf mehrere Mahlzeiten am Tag, angepaßt an die Tragzeit der Hündin. Gerade während dieser Zeit rücken Vitamingaben wieder in den Vordergrund, ganz besonders Vitamin A und D, damit die Hündin in der Lage ist, ihren Welpen einen Vorrat mitzugeben.
Mit der gleichen Sorgfalt ist die säugende Hündin zu füttern, nur daß hierbei nicht mehr so mit der Menge gerechnet werden muß, denn eine gesunde Welpenschar entwickelt einen ausgezeichneten Appetit.
Wenn die Welpen mit Milch nicht mehr satt werden, stupsen sie die Hündin mit der Schnauze gegen die Lefzen. Die Hündin würgt daraufhin der hungrigen Meute ihr Fressen heraus. Das ist zwar kein sehr appetitlicher Anblick, aber da dieses Futter bereits mit den Magensäften eingespeichelt ist, ist es leicht verdaulich.

Jetzt wird es Zeit für den Züchter, langsam mit der Beifütterung zu beginnen. Bei der Zusammenstellung des Futters bedenken Sie bitte, daß die Muttermilch einen alkalischen Überschuß hatte und die Welpen sich jetzt auf eine säureüberschüssige Nahrung umstellen müssen. Die hierzu erforderliche Magensäure der Welpen hat noch nicht die Konzentration an Salzsäure wie beim erwachsenen Hund (0,5%). Um Magenverstimmungen zu vermeiden, ist dieser Tatsache Rechnung zu tragen. Mit zunehmendem Alter geben wir ein allmählich kompakteres Futter mit entsprechenden maßvollen Beigaben an Vitaminen. Bei der Festlegung der Futtermenge bedenken Sie bitte, daß überfütterte Welpen nicht reparierbare Haltungsschäden davontragen können.
Während dieser Phase sollten Sie die Welpenschar auch mit Welpenfertigfutter bekanntmachen; die späteren Besitzer danken es Ihnen. Damit gerade während dieser Phase die Belastung des Magens nicht zu groß wird und genügend Platz für Futter vorhanden ist, ist es vorteilhaft, den Welpen Kamillentee vorzusetzen.

Die Pflege

Jeder Hund bedarf der Pflege aus Gründen der Gesundhaltung und der Optik. Die meiste Zeit erfordert die *Fellpflege,* insbesondere beim Haarwechsel im Frühjahr und Herbst. Frühzeitiges Bekanntmachen des Junghundes mit Kamm und Bürste ist erforderlich. Neben dem Entfernen abgestorbener Haare ist das Bürsten auch eine Hautmassage und ermöglicht zugleich die Inspektion der Haut auf das Vorhandensein von Parasiten und Hautentzündungen. Zum täglichen Bürsten nimmt man eine weiche Bürste. Häufiges Reinigen mit einem Tiershampoo ist nicht zu empfehlen, da hierdurch die

Abb. 22. Dieses Porträt zeigt besonders gut die edlen Kopfformen.

Haut zu sehr entfettet und der Hund gegen Erkältungskrankheiten anfälliger wird. Dies ist besonders gefährlich bei Junghunden bis zu 6 Monaten und im Winter. Gegen ein Duschen, je nach Bedarf mit angewärmtem Wasser (ca. 20 °C), ist nichts einzuwenden, wenn darauf geachtet wird, daß kein Wasser in die Ohren dringt. Man kann auch einen Eimer nehmen und den Hund mit Schwamm und Leder abreiben. Ein Schuß Essig im Wasser nimmt den typischen Hundegeruch weg. Im Handel gibt es auch Trockenshampoos, die in das Fell einmassiert und nach einer Weile wieder herausgebürstet werden. Den Vorteil der täglichen Fellpflege werden Sie in Ihrer Wohnung sehr schnell merken, denn lose, nicht herausgebürstete Haare verliert der kurzhaarige Hund schneller als ein langhaariger. Beobachten Sie einmal gegen das Licht, wenn sich Ihr Liebling schüttelt!

Wichtig ist auch die *Zahnpflege.* Da alle Hunde Weichfutter erhalten, setzen sich oft Speisereste fest. Hiervon bekommt der Hund einen üblen Mundgeruch. Bald setzt sich dann Zahnstein an. Um dem vorzubeugen, empfiehlt es sich, das Gebiß regelmäßig zu kontrollieren und mit Wasserstoffsuperoxid (3%ig) zu reinigen. Mit einem getränkten Wattebausch werden die Zähne abgerieben. Wenn der Zahnstein sich festgesetzt hat, hilft diese Prozedur allerdings nichts mehr. Hier muß der Tierarzt in Anspruch genommen werden. Kauknochen aus Büffelleder oder Knorpel tragen auch zur Gebißpflege bei.

Die *Ohren* werden mit im Handel befindlichen Mitteln regelmäßig gereinigt. Vorsicht, Wattestäbchen können den Gehörgang verletzen! Besser ist ein Wattebausch.

Augen: Da das Schäferhundauge weder durch Haare noch durch Hautfalten beeinträchtigt ist, genügt ein tägliches Auswischen mit einem feuchten Lappen oder Papiertaschentuch von außen nach innen. Kein Borwasser verwenden; lauwarmes Wasser genügt.

Zu guter Letzt die *Pfoten- und Krallenpflege.* Die Krallenpflege erübrigt sich, wenn der Hund genügend Auslauf auf hartem Untergrund hat. Sind die Krallen jedoch zu lang geworden, dann schmerzen und stören sie den Hund. Das Kürzen der Krallen sollte nur vom Tierarzt oder von erfahrenen Tierhaltern mit einer Spezialschere vorgenommen werden, da die Gefahr der Verletzung von Äderchen in den Krallen zu groß ist. Im Winter ist den Pfoten erhöhte Aufmerksamkeit zu widmen, da Schnee und Eis meist nur noch mit Streusalz entfernt werden, das auch die Pfoten Ihres Hundes angreift. Vor dem Spaziergang empfiehlt es sich, die Ballen einzuölen (z. B. mit Paraffinöl); nach dem Spaziergang unbedingt mit lauwarmem Wasser reinigen.

Unser Hund und die Gesundheit

Den neuerworbenen Hausgenossen sollte man einem Tierarzt vorführen. Er untersucht, ob der Welpe gesund ist, ob er Würmer hat, ob die Schutzimpfungen durchgeführt wurden, wann Wiederholungsimpfungen notwendig sind. Schon mancher Welpe mußte sterben, weil hier zuwenig Obacht gegeben wurde. Sehr wesentlich ist es, daß der erste Tierarztbesuch für den Hund ein freudiges Ereignis ist.

Zur allgemeinen Krankheitsvorsorge gehört die Temperaturmessung, die im After durchgeführt wird. Die normale Körpertemperatur beträgt um 38,5 °C. Ist sie höher als 39 °C, und bestätigt dies eine Kontrollmessung, ist es ratsam, einen Tierarzt aufzusuchen. Empfehlenswert ist es, den Urin einmal jährlich untersuchen zu lassen, vor allem bei älteren Hunden, da sie besonders anfällig gegen Nierenkrankheiten sind.

Impfungen

Ohne Impfungen geht es heutzutage in der Hundehaltung nicht mehr. Die erste Impfung ist in der 7. – 9. Lebenswoche die Dreifach-Impfung gegen Staupe, Hepatitis (ansteckende Leberentzündung) und Leptospirose (Stuttgarter Hundeseuche). Damit die Impfung auch den geforderten Schutz bietet, muß der Hund frei von Würmern sein. Der Tierarzt wird daher zunächst eine Kotuntersuchung auf Darmparasiten durchführen. Finden sich Würmer, verschreibt er eine Wurmkur. Die Dreifach-Impfung muß, bei einer Erstimpfung im Alter von 7 – 9 Wochen, in der 12. – 14. Lebenswoche wiederholt werden. Wenn man einen optimalen Schutz auch für den erwachsenen Hund erreichen will, ist die Impfung in jedem Jahr zu wiederholen. Aufgrund der verbreiteten Wildtollwut ist es unerläßlich, den Welpen auch gegen diese Krankheit zu impfen; viele Staaten gestatten die Einreise Ihres Hundes nur, wenn eine entsprechende Schutzimpfung durchgeführt ist. Die Impfung muß hierbei mindestens 4 Wochen vor Einreise erfolgt sein und darf nicht länger als 1 Jahr zurückliegen.

Staupe (Carré'sche Krankheit)

Eine Virusinfektion, die sehr ansteckend ist. Vor allem junge Tiere erkranken daran, aber auch ältere sind nicht dagegen gefeit – sofern sie keinen Impfschutz besitzen.
Das – oft nur sehr kurze – erste Stadium, das Virusstadium, geht meist mit hohem Fieber, Mattigkeit, Appetitlosigkeit, wäßrigem Ausfluß aus Nase und Augen mit Bindehautentzündung, Rachenentzündung einher.
Bei Verdacht sofort zum Tierarzt, da die Krankheit in diesem frühen Stadium meist noch gut ausgeheilt werden kann. Im späteren Stadium ist die Behandlung kaum noch erfolgreich.
Bester Schutz des Hundes: Rechtzeitige und regelmäßig wiederholte Schutzimpfung.

Hepatitis contagiosa canis (Hcc; ansteckende Leberentzündung des Hundes)

Auch dies ist eine Virusinfektion mit hohem Fieber, Mattigkeit, Appetitlosigkeit, Entzündung der Rachenmandeln, gelegentlich Brechdurchfällen, und einer Gelbfärbung der Schleimhäute. Sie befällt

zumeist junge Hunde. Die Symptome ähneln denen der Staupe. Deshalb ist auch hier bei den ersten Anzeichen sofort der Tierarzt aufzusuchen.
Schutzimpfung ist beste Vorbeugungsmaßnahme.

Leptospirose (Stuttgarter Hundeseuche)

Diese Krankheit wird von verschiedenen Erregern hervorgerufen und macht sich häufig nur durch kurzfristige Müdigkeit und Freßunlust bemerkbar. Manchmal geht sie aber auch mit Fieber, Durchfall, Erbrechen u. ä. einher. Sie gehört auf jeden Fall ebenfalls in die Behandlung eines Tierarztes. Auch hier ist die Schutzimpfung die beste Prophylaxe.

Tollwut

Eine – auch für Menschen – tödlich verlaufende Viruserkrankung, die durch den Speichel erkrankter Tiere übertragen wird (in Hautverletzungen, z. B. durch Biß). Bei Verdacht auf Tollwut müssen ungeimpfte Hunde sofort getötet werden. Liegt eine Schutzimpfung mit regelmäßigen Wiederholungsimpfungen (in jedem Jahr!) vor, bleibt dem Hund dieses Schicksal erspart. Die Infektion kann auch auf Menschen übergehen, die sich dann einer sehr unangenehmen Behandlung unterziehen müssen. Deshalb Vorsicht!

Parasiten

Bei Hunden können eine Anzahl verschiedener Wurmarten parasitär leben. Von bestimmten Spulwürmern weiß man, daß die Larven bereits im Mutterleib die Welpen befallen. Deshalb wird die Hündin vor dem Decken entwurmt. Bandwürmer, die z. T. den Hundefloh als Zwischenwirt haben, sind ebenfalls schädliche Schmarotzer. Flöhe sollten aber nicht nur deshalb bekämpft werden! Als praktisch hat sich ein „Flohhalsband“ erwiesen, das auch gegen Zecken nützt. Auf Wurmbefall lassen schließen: Darmentzündung, Abmagerung und struppig-glanzloses Fell.

Zecken (Holzböcke)
Vom Spaziergang im Wald bringen Hunde oft Zecken mit nach Hause. Diese sind zwar recht harmlos, lösen aber einen Juckreiz aus: der Hund kratzt sich. Dadurch wird ein Teil der Zecke beschädigt. Die Greifhaken und der Rüssel bleiben meist in der Haut stekken und eitern heraus. Wenn Sie bei Ihrem Hund eine Zecke entdecken, sollten Sie nicht gleich versuchen, sie gewaltsam herauszureißen. Besser ist es, die Zecke mit etwas Öl zu ersticken; dadurch werden ihre Atemöffnungen verschlossen, so daß die Greifhaken loslassen und die ganze Zecke kann leicht herausgedreht werden.

Erkrankungen der Ohren

Das Ohr ist ein wesentliches Sinnesorgan Ihres Hundes. Da Vorbeugen besser als Heilen ist, empfehle ich regelmäßig (im Normalfall etwa alle 2 Wochen) das Reinigen der Ohren mit im Handel hierfür angebotenen Präparaten. Wo dies nicht durchgeführt wird, kann es zu eitrigen Ohrentzündungen durch Infektionserreger kommen.

Erkrankungen der Haut

Sie haben viele Ursachen, z. B. mangelhafte oder falsche Ernährung, Vitaminmangel, Leber- oder Nierenleiden, Parasiten, aber auch Pilze. Hier zu entscheiden, welche Krankheit in Betracht kommt, ist für einen Laien unmöglich. Deshalb ist es unsinnig, überall Ballistol® draufzuschmieren. Die Entscheidung kann nur der Tierarzt treffen.

Dysplasie des Hüftgelenkes (HD)

Unter Dysplasie versteht man eine Mißbildung des Hüftgelenks, bei der die Hüftgelenkspfanne den Gelenkkopf nicht oder nur unvollständig umschließt (Abb. 23). Als Folgeerscheinung tritt die Arthrose auf; sie bedeutet Umbauvorgänge in den Knochen des Hüftgelenks. Das an HD erkrankte Hüftgelenk neigt daneben zu Entzündungen (Arthritis). Die HD macht besonders den Schäferhundzüchtern Kopfzerbrechen, da ja gerade dieser Rassezuchtverein den Gebrauchswert vor den Formwert stellt. HD beeinträchtigt erheblich die Leistungsfähigkeit des Hundes. Da HD erblich ist, sollte besonderes Augenmerk auf die Eltern gerichtet werden. Um das Nicht-

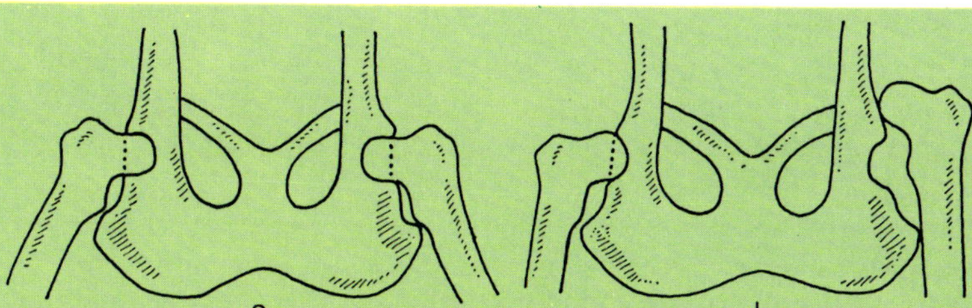

Abb. 23. Hüftgelenksdysplasie: a) normale Stellung des Hüftgelenks, b) krankhafte Veränderung am Hüftgelenk mit Gefahr des Ausrenkens (rechts).

Vorhandensein dieser Anomalie anzuzeigen, erhalten Hunde mit einem HD-Befund „frei" („verdächtig" oder „leicht") im Index der Körklasse ein „a". Der Befund wird durch Röntgen des mindestens 1 Jahr alten Hundes ermittelt. Beim Kauf eines Welpen die Körscheine der Elterntiere zeigen lassen. Selbst HD-freie Eltern garantieren nicht, daß der Welpe auch HD-frei wird, da nicht allein die Vererbung maßgebend ist, sondern auch die Aufzuchtbedingungen.

Magendrehung

Bei großen Hunderassen kann sich der Magen, nach reichlichem Fressen und anschließendem Springen, in der Längsrichtung verdrehen. Durch die gestauten Gase treibt der Magen stark auf. Anzeichen sind der aufgeblähte Bauch, rasche Hinfälligkeit und Kreislaufschwäche. Die Magendrehung führt zum Tod, wenn sie nicht rasch erkannt wird. Der Tierarzt kann durch eine Operation den Hund retten.

Die Hundeausstellung

Es gibt zwei Arten von Ausstellungen: Die vom VDH (Verein für das Deutsche Hundewesen e.V.) veranstalteten Rassehundezuchtschauen, wo alle Hunde – getrennt nach Rasse und Geschlecht – von Spezialrichtern beurteilt werden, und die Spezialzuchtschauen einzelner Rassen, die von den jeweiligen Rassehundezuchtvereinen veranstaltet werden. Auf den erstgenannten Schauen sind Schäferhunde meist nur schwach vertreten. Das Mekka aller Schäferhundebesitzer ist die jährlich stattfindende Hauptzuchtschau für Deutsche Schäferhunde, veranstaltet vom Verein für Deutsche Schäferhunde e.V. (SV). An dieser Leistungsschau können Hunde ab 2 Jahren in der Gebrauchsklasse teilnehmen, wenn sie auf einer Ortsgruppenschau die Bewertung „V“ (Vorzüglich) oder auf einer Landesgruppenschau ein „SG“ (Sehr gut) erhalten haben. Neben der Beurteilung auf Schönheit werden die Hunde an einem Figuranten (Scheintäter) auf ihren Mut und Kampftrieb hin geprüft.
Es ist immer eine aufregende Sache für Herr und Hund, auf eine Ausstellung zu gehen. Aus dieser Aufregung heraus klappt auch manchmal nicht alles so, wie gedacht. Deshalb ist es auch hier, wie in vielen anderen Situationen, erforderlich, den Hund vorzubereiten, denn im Vorführring soll sich der Vierbeiner von seiner schönsten und besten Seite zeigen und nicht undiszipliniert an der Leine zerren. Die Vorbereitung kann auf dem Ausbildungsplatz erfolgen. Ein dem Hund nicht bekannter Hundeführer spielt den Richter; von ihm muß sich der Hund anfassen lassen. Zur Kontrolle der Vollständigkeit und Zahnstellung des Gebisses ist es erforderlich, daß der Hund mit Hilfe (und nicht mit Gewalt) des HF seinen Fang öffnen läßt. Der Schäferhund soll ein Scherengebiß haben. Es besteht aus 42 Zähnen (hiervon 20 im Ober- und 22 im Unterkiefer; Abb. 25, S. 56). Die Problemzähne sind auf den Ausstellungen die Prämolaren P1 und P2, denn diese fehlen gerne. Manchmal ist auch ein P1 nicht ganz durchgestoßen; hier kann der Tierarzt nachhelfen.

Abb. 24. Bei der Zuchtschau wird der Hund in Positur gestellt.

53

Der Kult, den so mancher Spezialrichter um ein oder zwei fehlende Prämolaren 1 macht, ist recht belustigend. Da bei solch einer Ausstellung die Schönheit dominiert und der Begriff „Schönheit" relativ ist, sollte man über gefällte Urteile eines Spezialrichters nicht so hart ins Gericht gehen. Denn so einfach ist es nämlich gar nicht, von vielen gleichwertigen Hunden zu sagen „dies ist der Schönste". So entscheiden sehr oft Kleinigkeiten über die Platzziffer. Hierzu gehört das richtige Stehen und die aufmerksame Haltung des Hundes. Es

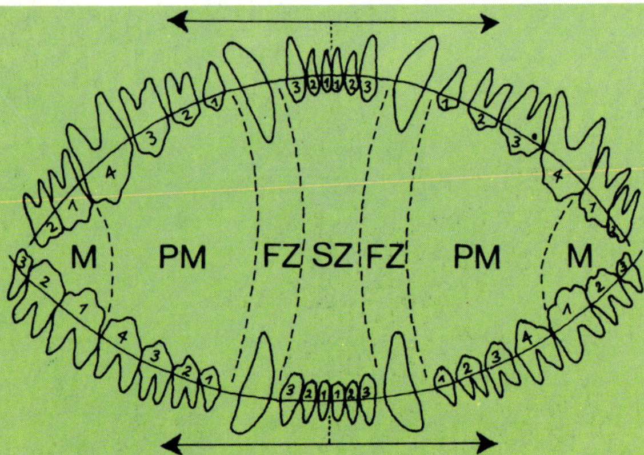

Abb. 25. Das vollständige Hundegebiß. Oben Oberkiefer, unten Unterkiefer. (SZ = Schneidezähne, FZ = Fangzähne, PM = Prämolaren, M = Molaren)

erweist sich als vorteilhaft, wenn ein zweites Familienmitglied am Ring steht und die aufmerksame Haltung hervorruft, z. B. mit einer Ultraschallpfeife, die das menschliche Ohr nicht mitbekommt.

Der Pflegezustand ist ein nicht zu unterschätzender Faktor bei der endgültigen Beurteilung. Im 2. Teil der Prüfung auf Mut und Kampftrieb ist die Beeinflussung durch den HF gering; dabei ist es vorteilhaft, wenn der Hund schon oft auf fremden Plätzen und mit fremden Figuranten gearbeitet hat. Tricks helfen nicht weiter, da die Leistungsrichter sich hierdurch nicht beeinflussen lassen. Und wenn es mal nicht so gelaufen ist, wie Sie hoffen, seien Sie fair und gratulieren Sie dem Sieger, denn Ihrem Hund ist es sowieso egal, ob er in den Augen des Richters erster oder letzter ist. Hauptsache in Ihren Augen steht er an der ersten Stelle! Denken Sie bitte immer daran!

Körung

Die jährlich zweimal stattfindende Körung ist die wichtigste Prüfung für einen Rassezuchtverein, da hier auf breiter Basis Hunde im Alter von 2 Jahren das erste Mal einem Körmeister vorgestellt werden. Die Vielzahl der Hunde gibt für erfahrene Hundezüchter gute Anhaltspunkte, welche Eigenschaften und Formen verschiedene Rüden oder Hündinnen vererbt haben. Deshalb ist es sehr wünschenswert, wenn jeder Schäferhundbesitzer seinen Hund kören läßt.
In *Körklasse I* (für die Zucht empfohlen) können Hunde kommen, die folgende Bedingungen erfüllen: Ausbildungskennzeichen, Ausdauerprüfung, einwandfreies Gebiß, große Übereinstimmung mit dem gültigen Rassestandard, „a" zuerkannt (HD-frei), einwandfreies Wesen, völlige Schußgleichgültigkeit, Nervenfestigkeit, Mut- und Kampftrieb *ausgeprägt.*
In *Körklasse II* (zur Zucht geeignet) kommen Hunde, die dem Rassestandard *noch* entsprechen, die z. B. *nicht* das „a" haben, eine ganz geringe Schußempfindlichkeit zeigen, im Haar etwas länger sind, bei denen Mut und Kampftrieb *vorhanden* ist und die Ausbildungskennzeichen und Ausdauerprüfung haben.

Die Zucht

Wer Besitzer einer Hündin ist, dem kommt meistens während der zweimal im Jahr auftretenden Läufigkeit der Gedanke, auch einmal Junge von seiner Hündin haben zu wollen. Als Argument wird dann ins Feld geführt, dies sei erforderlich, damit die Hündin keine Gebärmuttererkrankungen bekomme. Aus der Tiermedizin sind dazu jedoch keine Bestätigungen bekannt.
Züchten ist nicht gleichzusetzen mit Vermehren. Gewissenhaftes

Züchten bedeutet das Erzeugen von Hunden, die dem Rassestandard entsprechen. Dies setzt als erstes voraus, daß die zu deckende Hündin eine gute Abstammung aufweist und Zuchtwert hat. Unter Zuchtwert versteht man:

a) zur Zucht zugelassen,
b) zur Zucht geeignet (Körklasse II),
c) zur Zucht empfohlen (Körklasse I; s. S. 57).

Ist die Hündin in einer der Körklassen, dann sollten Sie sich mit dem zuständigen Zuchtwart in Verbindung setzen, um sich genau über die bestehenden Zuchtbestimmungen aufklären und die Wahl des in Frage kommenden Zuchtrüden beraten zu lassen.

Hat allerdings ihre Hündin keinen Stammbaum, dann sollten Sie nicht züchten. Dies ist keine Diskriminierung der Hündin, aber es ist leider so, daß Sie Welpen ohne Papiere meistens nur verschenken können. Besitzer, die einen Hund geschenkt bekommen, sind auch schnell dabei, diesen wieder loszuwerden. Jährlich vor der großen Ferienzeit wird der „Liebling" im Stich gelassen. Besuchen Sie doch einmal ein Tierheim. Was da im Sommer für Hochkonjunktur herrscht! Traurig sitzen die Vierbeiner in der Ecke und können nicht verstehen, daß das Herrchen oder Frauchen sie einfach herzlos, möglichst weit weg, irgendwo angebunden hat und in Ferien gefahren ist. Deshalb, wenn Sie ein Herz für Tiere haben, überlegen Sie es sich zwei- oder dreimal, bevor Sie züchten.

Ist die Wahl für einen Rüden gefallen und der Deckpreis vereinbart, heißt es, den genauen Decktag herauszufinden. Der beste Decktermin ist meist der 11. – 13. Tag der Läufigkeit. Den Beginn der Läufigkeit muß man deshalb sehr genau beobachten. Ich ziehe meiner Hündin in der Wohnung eine im Handel erhältliche „Hose" an; als Einlage dient ein Papiertaschentuch. Anhand der Farbe des Ausflusses kann man sehr gut das Stadium der Hitze ausmachen. Der Ausfluß beginnt dunkelrot und wird von Tag zu Tag blasser. Erst wenn dann etwas gelblicher Schleim hinzukommt und der Geruch recht übel wird, ist es soweit. Als höflicher Hündinnenbesitzer haben Sie den Rüdenbesitzer laufend über den Stand der Hitze informiert, so daß er vorbereitet ist, wenn Sie mit Ihrer Hündin kommen. Die Hündin reist im allgemeinen zum Rüden, nicht umgekehrt. Je nach Temperament und Erfahrung der Hunde kann ein Deckakt eine aufregende und strapaziöse Aktion werden. Nach dem Samenerguß des Rüden „hängen" beide Partner noch 10 bis 30 Minuten aneinander. Dies ist notwendig, um ein Rückfließen des Samens zu verhindern. Rüde und Hündin dürfen deshalb auf keinen Fall gewaltsam getrennt werden. Ist die Hündin gedeckt, dann läßt man ihr etwas Ruhe. Einen Tag später kann eine Nachdeckung erfolgen. Jetzt beginnt das Warten und Hoffen. 63 Tage dauert durchschnittlich die Trächtigkeit. Die Frage, die Sie in dieser Zeit begleitet, ist, ob die Hündin nun tragend ist oder nicht. Ihre Beantwortung ist sehr schwer, denn Hündinnen reagieren ganz unterschiedlich, man-

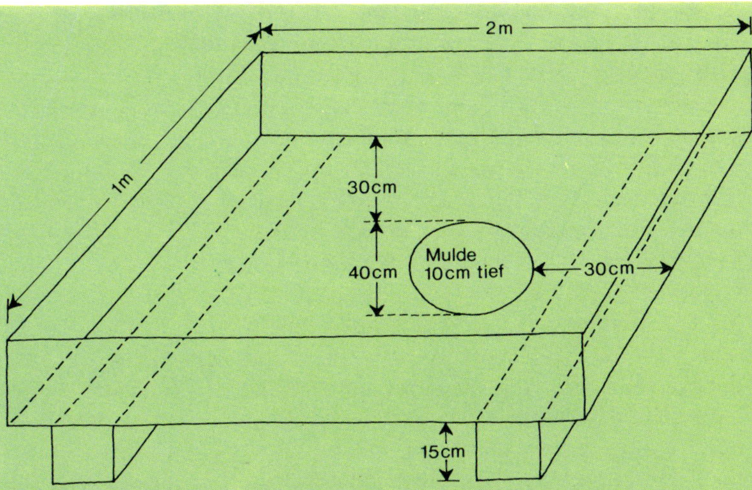

Abb. 26. Diese Wurfkiste ist ausreichend groß für die Hündin und ihre Welpen.

che haben besondere Freßgewohnheiten, andere verstärktes „Anlehnungsbedürfnis". Trotz dieser Unsicherheiten sollten Sie die Vorbereitungen optimal treffen.

Während der ersten 5 Wochen der Trächtigkeit sollte die Hündin normal gehalten werden. Wichtig ist es, das Futter qualitativ, nicht jedoch quantitativ zu verbessern. Jetzt ist es auch noch Zeit – nach Rücksprache mit dem Tierarzt – eine Wurmkur durchzuführen. Je nach Größe des Wurfes merken Sie dann nach 5 – 6 Wochen, daß die Bewegungen der Hündin langsamer werden. Jetzt soll die Hün-

din nicht mehr toben und springen – aber der tägliche Spaziergang tut ihr gut.
Rechtzeitig muß die Hündin an die Wurfkiste (Abb. 26) gewöhnt werden. Sie sollte so groß sein, daß die kleine Meute sich hierin in den ersten 3 Wochen wohlfühlt. Die Innenseite der Wurfkiste ist mit abwaschbarer Tapete zu tapezieren. Als Einlage dienen saubere alte Tücher. Im ersten Viertel des Bodens habe ich in der Mitte eine Mulde vorgesehen; sie hat den Vorteil, daß der Wurf schön eng zusammenliegen kann. Durch dieses Kontaktliegen sind die Welpen ruhiger. Bei phlegmatischen Hündinnen kann diese Mulde Lebensretter in den ersten Tagen sein, denn schon mancher Welpe ist unter seiner Mutter erstickt. Sollten die Außentemperaturen es erfordern, kann man oberhalb dieser Mulde ein Rotlicht anbringen.
In den ersten Lebenswochen der Welpen muß besonders auf Bodenkälte geachtet werden. Ein Großteil der Welpenerkrankungen hängt von diesem Umstand ab (besonders Welpensterben, Zwingerhusten).
Ab dem 59. Trächtigkeitstag kann mit der Geburt gerechnet werden. Es empfiehlt sich, die Saugwarzen zu säubern und zu desinfizieren (z. B. mit 5%iger Sagrotan®-Lösung).
Die Einleitung der Geburt wird durch Scharren angekündigt. Jetzt sollten Sie die Hündin nicht mehr allein lassen, denn sie benötigt Ihre Anwesenheit. Sind Sie allerdings ein aufgeregter oder ängstlicher Typ, dann bitten Sie doch einen Hundefreund um Beistand. Treten Komplikationen auf, muß der Tierarzt gerufen werden.
Kurz vor der Geburt leckt die Hündin häufig und intensiv die Scheide. Die ersten Wehen (Eröffnungswehen) sollen die Geburtswege weiten. Werden die Wehen stärker und kräftiger (Preßwehen), ist der erste Welpe zu erwarten. Er kommt noch in der Fruchthülle zur Welt. Die Hündin reißt die Hülle auf und zerbeißt die Nabelschnur. Meist frißt sie auch die Nachgeburt auf; das fördert das Einschießen der Milch. Durch Belecken des Welpen werden Atmung und Verdauung angeregt.
Reagiert eine erstgebärende Hündin nicht instinktsicher, muß der Züchter eingreifen und den Welpen aus der Fruchthülle befreien. Die Nabelschnur wird mit ausgekochtem Zwirn abgebunden und dahinter abgeschnitten. Notfalls muß das Mäulchen von Schleim

Abb. 27. Eine muntere Welpenschar läßt den Züchter manche Mühe und Arbeit vergessen.

befreit werden, damit der Welpe atmen kann. Dann wird er mit einem angewärmten Frottiertuch massiert und trockengerieben.
Im Normalfall kommt etwa alle halbe Stunde ein Welpe, so daß die Hündin genügend Zeit zur Versorgung des gerade geborenen hat. Die Geburt des ganzen Wurfes dauert durchschnittlich etwa 3 – 4 Stunden. Nach der Geburt benötigen alle eine Pause; nur die Neugeborenen suchen quietschend die Quelle ihres Lebens. Gemäß Zuchtordnung sind allerdings nicht mehr als 6 Welpen zur eigenen Aufzucht zugelassen. Unter gewissen Bedingungen können die überzähligen Welpen auch einer Hundeamme anvertraut werden. Dies setzt allerdings voraus, daß die Amme am selben Tag geworfen hat, damit die für die Welpenentwicklung benötigte Kolostralmilch noch vorhanden ist. Unerläßlich ist dabei, daß die fremden Welpen den gleichen Geruch wie die eigenen Welpen der Amme erhalten.

Bevor Sie sich in solch ein Abenteuer stürzen, lassen Sie sich vom Zuchtwart beraten. Ist eine Wurfreduzierung vorgesehen, dann darf dies nur vom Tierarzt durchgeführt werden.
Die ersten zwei Wochen im Leben der Welpen werden von den Verhaltensforschern als „vegetative Phase" bezeichnet. Das Tun und Handeln der kleinen Wesen wird vom Instinkt gesteuert. In den ersten Wochen versorgt die Hündin die Welpen. Sie leckt auch ihre Ausscheidungen auf, so daß der Züchter wenig Arbeit hat.
Gehaltvolle Ernährung für die Hündin ist notwendig; die Menge muß jetzt nicht strikt begrenzt werden, denn schließlich müssen die Welpen ja auch satt werden.
Ein besonderer Augenblick ist es für jeden Züchter, wenn die Welpen um den 13. oder 14. Tag die Augen öffnen. Vom 18. Tag an kommt richtiges Leben in die Meute. Die Entwicklung geht jetzt ganz rapide voran. Etwa ab der 3. oder 4. Woche wird allmählich zugefüttert. Wichtig ist, daß die Welpen – nach Konsultierung des Tierarztes – entwurmt und schutzgeimpft werden (s. S. 49), bevor sie zu ihren neuen Besitzern reisen. Außerdem werden sie vom zuständigen Zuchtwart tätowiert.
Verhaltensforscher haben experimentell bewiesen, daß der Charakter eines Hundes sich zwischen der 3. und 16. Lebenswoche formt. Pfaffenberger erklärte: „Gleichgültig, wie gut die ererbten Charaktereigenschaften auch sein mögen, ein Hund wird nie so gut werden, wie er hätte werden können, wenn seine Anlagen bis zu einem Alter von 16 Wochen nicht entwickelt und gefördert werden."
Ich frage mich, was für eine soziale Entwicklung eigentlich Welpen in einem Zwinger durchmachen, wenn der Züchter außer ihnen noch 20 – 30 Hunde zu versorgen hat? Das ist auch ein Grund, warum ich gegen diese Massenzüchter bin. Denn gerade Hunde mit solchen Kindheitserfahrungen machen sehr oft negative Schlagzeilen in der Presse und bringen eine ganze Rasse in Mißkredit. Deshalb möchte ich an alle verantwortungsbewußten Züchter appellieren, sich mit jedem Welpen einzeln täglich mindestens 10 Minuten zu beschäftigen. Die Käufer Ihrer Welpen werden Ihnen später dankbar sein.

Literaturhinweise

Brunner, Ferdinand: Der unverstandene Hund. Melsungen, 1975
Burns, M./M. N. Fraser: Die Vererbung des Hundes. Reutlingen, 1968
Donath, W. F.: Hunde gesund ernährt. Rüschlikon, 1978
Seiferle, Eugen: Wesensgrundlagen und Wesensprüfung des Hundes. Leitfaden für Wesensrichter. Bern, 1972
Trumler, Eberhard: Hunde ernst genommen. München, 1974
Trumler, Eberhard: Mit dem Hund auf du. München, 1976
Wegner, Wilhelm: Kleine Kynologie für Tierärzte und andere Tierfreunde. Konstanz, 1975
Wirtz, Hubert: Welpenaufzucht. Stuttgart, 1977

Im übrigen finden sich in der Kosmos-Hundebibliothek für jeden Hundefreund noch manche interessante und nützliche Bücher, die durch den Buchhandel zu beziehen sind.
Die farbige Informationsschrift „Hunde" (970 490) über diese Reihe können Sie direkt beim Kosmos-Verlag (Postfach 640, 7000 Stuttgart 1) anfordern.

Nützliche Adressen

Verein für Deutsche Schäferhunde e.V. (SV), Beim Schnarrbrunnen 4 – 6, 8900 Augsburg 1
Verband für das Deutsche Hundewesen e.V. (VDH), Mallinckrodtstr. 26, 4600 Dortmund
Österreichischer Kynologenverband, Karl-Schweighofer-Gasse 3, A-1070 Wien VII
Schweizerische Kynologische Gesellschaft, Falkenplatz 11, CH-3012 Bern

Register